¿QUIENES HAN CREADO ESTE MANUAL?

Atleta de la calle a los seis años, competidora nacional a los dieciséis, Marianne Torbert ha estudiado el juego durante toda su vida. Está interesada en el potencial dinámico del juego y de su papel en el crecimiento y el desarrollo infantil. Posee un doctorado en Psicología del Movimiento Humano de la Universidad de California del Sur y es miembro del Colegio de Posgraduado de la Universidad de Temple de Filadelfia.

La adaptación del manual para la América Latina ha sido realizada por Esther Gally, escritora y pedagoga, y Helda Ma. Benavides, fisioterapeuta del Centro de Rehabilitación de Cuernavaca. Helda labora, además, como voluntaria en el Servicio de Psicología y Desarrollo Infantil del Instituto Nacional de Perinatología/DIF de México.

Juegos para el desarrollo motor

Crecimiento integral para todos los niños con y sin problemas

MARIANNE TORBERT

Con un prólogo de
Helda Ma. Benavides

Adaptación para la América Latina por
Helda Ma. Benavides
Esther Gally

EDITORIAL
PAX MÉXICO

EL LIBRO MUERE CUANDO LO FOTOCOPIAN

Amigo lector:

La obra que usted tiene en sus manos es muy valiosa, pues el autor vertió en ella conocimientos, experiencia y años de trabajo. El editor ha procurado dar una presentación digna a su contenido y pone su empeño y recursos para difundirla ampliamente, por medio de su red de comercialización.

Cuando usted fotocopia este libro, o adquiere una copia "pirata", el autor y el editor dejan de percibir lo que les permite recuperar la inversión que han realizado, y ello fomenta el desaliento de la creación de nuevas obras.

La reproducción no autorizada de obras protegidas por el derecho de autor, además de ser un delito, daña la creatividad y limita la difusión de la cultura.

Si usted necesita un ejemplar del libro y no le es posible conseguirlo, le rogamos hacérnoslo saber. No dude en comunicarse con nosotros.

EDITORIAL PAX MÉXICO

Título original de la obra en inglés: *Follow Me. A Handbook of Movement Activities for Children.*
Publicada por Prentice-Hall, Englewood Cliffs, Nueva Jersey, EUA

TRADUCCIÓN: María Isabel Trejo
PORTADA: Álvaro Figueroa

© 1980 Prentice-Hall, Inc.
© 1982 Editorial Pax México, Librería Carlos Cesarman, S.A.
    Av. Cuauhtémoc 1430
    Col. Santa Cruz Atoyac
    México D.F. 03310
    Teléfono: 5605 7677
    Fax: 5605 7600
    Correo electrónico: editorialpax@editorialpax.com
    Página web: www.editorialpax.com

Primera edición en esta editorial
ISBN 968-860-021-0
Reservados todos los derechos
Impreso en México / *Printed in Mexico*

A mi madre, que sigue creciendo
cada año de su vida.

A los niños, que siempre nos asombran
por su creatividad.

CONTENIDO

PRÓLOGO A LA EDICIÓN EN ESPAÑOL

En el primer año de vida del ser humano los actos motores son vehículos a través de los cuales la cognición y la percepción se desarrollan y expresan. Durante esta época el niño no posee lenguaje y es el movimiento el primer elemento con que nutre sus estructuras nerviosas. El movimiento es para el bebé conocimiento de sí mismo y del medio, es independencia y seguridad, es lazo de unión con sus padres y con los objetos, es estímulo y es respuesta.

Al nacer el bebé es incapaz de moverse y sólo posee las capacidades suficientes para subsistir si es atendido: llanto, reflejo de succión, de búsqueda, de deglución, etc., pero después de los doce meses este niño es capaz de realizar un sin fin de actividades como son rodarse, sentarse, gatear, pararse, caminar, tomar objetos, alimentarse por sí mismo, empezar a utilizar el lenguaje y reconocer a su familia. Todas estas actividades han tenido como base el movimiento. Al destacar esto quisiera que el lector meditara sobre las infinitas posibilidades del movimiento como parte del juego para la enseñanza no sólo de movimientos más refinados y complicados sino como base para el desarrollo perceptivo-cognitivo y las capacidades del pensamiento.

En el juego no hay escisión de la personalidad; existe el trabajo conjunto de la mente y el cuerpo, el niño se compromete por entero y esta forma total de vivir una experiencia parece ser también la forma adecuada para el aprendizaje que abarca desde el conocimiento corporal hasta las matemáticas. En la presente obra Marianne Torbert no sólo desarrolla una serie amplísima de hermosos ejercicios sino que da una explicación clara de las áreas diversas que se integran para determinado trabajo.

Muchos de estos juegos son ya conocidos por los maestros y educadores, pero el examen detallado en cada ejercicio de las diferentes áreas que se combinan para "jugar", constituye una guía fácil y práctica para adecuarse tanto a las necesidades del grupo como individuales. Para el mismo propósito se presenta la tabla final que además permite comparar rápidamente entre los diferentes ejercicios las áreas que comparten o no, siendo de fácil aplicación para la elaboración de un programa.

Hay que señalar también el importantísimo punto de la "no eliminación", factor que la mayor parte de los juegos posee. El niño torpe, tímido o retraído, aquel que por estas características necesita en mayor grado de estos juegos no es eliminado sino que por el contrario favorecido y animado a participar. Las competencias son agradables para los más aptos, para los ganadores, pero no para los menos dotados, que además de su torpeza e inseguridad, son rechazados por el resto del equipo, que no desea perder por su causa. En esta obra se señala este punto y se anima al maestro a conocer a sus alumnos y ayudar a aquellos que resultarían más beneficiados con el juego por sus características individuales.

Quiero señalar que en las variantes y sugerencias, Marianne Torbert puntualiza enfáticamente que debe permitirse al grupo establecer sus propios patrones, límites, escoger, decidir, dar órdenes, etc., lo que implica que el chico se sienta parte activa del proceso enseñanza aprendizaje al permitirle establecer su propio ritmo, utilizar su imaginación y funcionar en su propio nivel sin ser criticado. Si este proceso es claramente entendido por el educador, redundará en beneficios observables en todos los alumnos, ya que en este proceso dinámico cada uno de los integrantes del grupo es tomado en cuenta. Desde luego requiere pericia y verdadera vocación por parte del educador, pues es más fácil dictar una serie de órdenes que tratar de guiar, escuchar, apoyar y dirigir a un grupo y sus integrantes más débiles.

Por último, el apéndice C muestra la forma de hacer material sin costo, con ingenio y gran utilidad además de consistir en sí misma otra actividad en que puede comprometerse al grupo.

Ojalá este libro sea recibido en forma entusiasta por todos los educadores y maestros, ya que fue escrito con gran amor y dedicación hacia los niños y con un conocimiento profundo de los beneficios del juego en la formación integral de éstos.

Helda Ma. Benavides
Fisioterapeuta
Centro de Rehabilitación
Cuernavaca, Morelos
México

PREFACIO

Cada libro refleja las preocupaciones y creencias de su autor, y esta obra no es una excepción. Por lo tanto, quisiera compartir algunas de ellas con el lector.

Soy maestra, y aunque muchas de nosotras educamos con libros, lápiz y papel, yo enseño y aprendo a través del juego, una herramienta que ha seguido ganándose mi mayor respeto y fascinación desde que gateaba.

A través de los años he descubierto que el juego posee un potencial muy estimulante, pero que éste sólo suele dar frutos cuando aquél que dirige o afecta la vivencia del mismo llega a considerar el juego y los jugadores de una manera determinada. Por eso he tratado de desarrollar algunos parámetros que pueden clarificar mi punto de vista al respecto.

1. Los jugadores son el aspecto más importante de cualquier juego.
2. Los niños tienen necesidades específicas de jugar.
3. El mal comportamiento suele ser un intento de compensar necesidades insatisfechas.
4. La percepción del propio ser, de los demás y del mundo es afectada por las vivencias del juego.
5. Si son hábilmente planeadas, las actividades motrices son susceptibles de satisfacer necesidades básicas de comunicación social y desarrollo psicofísico.
6. **Todos** tenemos derecho a estas vivencias sanas y positivas. Es **nuestra** responsabilidad encontrar el mo-

do de asegurar que sean accesibles para todo el mundo.

7. Debemos desarrollar una gran sensibilidad a todo lo que les hace falta a los niños y ser capaces de seleccionar, modificar, y/o crear actividades motrices que cumplen con nuestras metas.

8. Los juegos utilizados actualmente han de ser cuidadosamente revisados en cuanto a sus valores respectivos.

Es de esperar que el juego le sea un medio educativo dinámico y que a través de su experiencia, desarrolle una gran habilidad para seleccionar, adaptar y crear nuevas actividades que impulsan al desenvolvimiento psicofísico de sus alumnos.

Este manual se ha escrito tanto para maestros y educadores como para padres de familia y miembros de la comunidad, ya que todas las personas que rodean a un niño querrán aprovechar la oportunidad de ayudarle oportunamente en su desarrollo y especialmente a aquellos que presentan dificultades de aprendizaje. Como gran parte de los juegos aquí presentados se han empleado en hospitales infantiles y centros de rehabilitación con excelentes resultados, se ofrece un material de apoyo valioso y de fácil aplicación.

... Si bien el juego es estimulante y divertido, es algo vital en la infancia y la niñez, ya que es precisamente durante esta etapa de la vida y a través del juego, que el niño desarrolla su capacidad para interactuar con el ambiente que le rodea.

Robert W. White
Facultad de Psicología
Universidad de Harvard

INTRODUCCIÓN

¿POR QUÉ EMPLEAR LAS ACTIVIDADES MOTRICES?

Por sus múltiples atributos, el juego está en posibilidad de atraer y retener las energías y la concentración de sus participantes. Virtualmente, las actividades motrices poseen unos recursos inagotables, que son flexibles y pueden ser modificados o cambiados progresivamente para satisfacer las necesidades específicas del grupo.

Las actividades motrices están basadas en la acción y pueden ser observadas. No sólo el que las dirige, sino también el que participa, reciben constante e inmediata retroalimentación para la evaluación. De la misma forma que uno aprende el control muscular a través de experiencias frecuentes y repetitivas, el juego suele ser una herramienta para aprender a evaluar la interacción social para comprender y abordar diferentes respuestas emocionales y sentimientos personales.

Se ha visto que el juego bien planeado tiende a incrementar la disposición del niño para involucrarse, y a su vez estar más preparado para hacer nuevos esfuerzos. Las actividades que le permiten resolver un problema, tomar una decisión válida, sentir éxito personal, parecen incrementar la voluntad del niño para hacer frente a la vida y fortalecen su disposición de arriesgarse. Estos beneficios van por supuesto más allá del valor históricamente reconocido del

15

juego como medio de descargar o de aminorar la tensión acumulada.

¿EN QUÉ CONSISTE SU PAPEL?

Aquellas personas que dirigen o afectan el juego de los niños toman un papel vital. El conocimiento de las necesidades infantiles, la selección minuciosa y tal vez la modificación de las actividades así como la observación y evaluación continuas, hacen que esta vivencia sea positiva.

¿CÓMO PUEDE AYUDARLES ESTE MANUAL?

El presente texto incluye más de cien actividades motrices y sus variaciones. Cada una está presentada y analizada de manera que uno pueda conocer cómo y la razón por la cual esa actividad suele satisfacer necesidades determinadas.

Las siguientes áreas han sido seleccionadas como susceptibles de consideración específica:

- desarrollo perceptivo motor
- capacidad de atención y concentración
- capacidad de percepción y discriminación auditiva
- descarga de la tensión y del exceso de energía
- control propio
- desarrollo de los procesos del pensamiento
- reforzamiento de la información aprendida
- crecimiento social
- habilidades físicas
- aptitud física

Como los juegos suelen servir para satisfacer más de una necesidad, se ha incluido un análisis completo de cada actividad al final de la descripción de la misma. Las variantes sugeridas le ayudarán a crear nuevas versiones de los juegos básicos. En los apéndices A y B, se incluye información complementaria sobre cómo localizar en el texto las actividades según sus propósitos. El apéndice C ofrece orientación práctica para fabricar material barato.

El índice al final del libro lleva el doble propósito de proporcionar los números de página y hacer la relación entre las actividades y la posibilidad de desarrollo en las áreas arriba mencionadas.

1

Desarrollo perceptivo motor

Ayer, justo debajo de mi ventana, oí el chirrido de frenos cuando dos carros lograron evitar una colisión, accidente que como mínimo hubiera supuesto metales retorcidos y quizá daños personales. Probablemente poca gente se da cuenta del importante papel que juega el desarrollo perceptivo motor en cada uno de nuestros actos cotidianos. Tendemos a tomar estas habilidades complejas por dadas y las atribuimos a la suerte o una habilidad innata.

El proceso perceptivo motor implica la percepción a través de un sistema sensorial, que integra e interpreta la información percibida, planea el movimiento, responde, basa la evaluación en la retroalimentación, y la almacena. El desarrollo perceptivo motor se basa en la maduración y en numerosas experiencias enriquecedoras en el medio ambiente. Gracias a estas últimas, es posible desarrollar e incrementar la capacidad perceptiva para evitar los accidentes y acrecentar la satisfacción que supone el moverse como es debido.

Las actividades de las siguientes páginas señalan el trabajo inicial en esta área. Para aquellas personas que deseen trabajar más extensamente sobre el desarrollo perceptivo motor, nótese el apéndice A y véase el índice.

CRUZADOS

Los alumnos forman un amplio círculo. A la señal, todos deben tratar de cruzarse al lado opuesto de la rueda sin tocarse unos a otros.

Este es un excelente juego preliminar para actividades que implican moverse en relación a los demás.

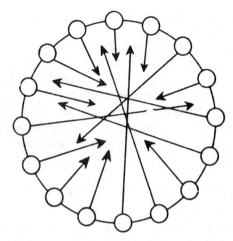

Figura 1-1

DESARROLLO PERCEPTIVO MOTOR: conocimiento y control corporales; conciencia espacial (estar consciente del espacio, distancia relativa, y relaciones dentro de un espacio)

CAPACIDAD DE ATENCIÓN Y CONCENTRACIÓN: lo estimulan el sentirse involucrado, y vivir el movimiento, la interacción y el reto

DESCRIMINACIÓN AUDITIVA: véase la variante con el tarareo

DESCARGA DE LA TENSIÓN Y DEL EXCESO DE ENEGÍA: a través de la actividad moderada, la oportunidad de moverse, el cambio de la rutina, y la resolución de un problema

AUTOCONTROL, tanto emocional como corporal necesario para cumplir el objetivo; resolución del problema como un proceso de control sobre el medio ambiente y sobre sí mismo

DESARROLLO DE LOS PROCESOS DEL PENSAMIENTO al resolver un problema; estimación (juicio) y adaptación

INCREMENTO DE LA SOCIABILIDAD a través de la responsabilidad hacia los demás (evitar las colisiones)

HABILIDAD FÍSICA de evitar a los demás; predicción y anticipación del movimiento de otro; planeación motriz (praxia)

COMENTARIOS Y SUGERENCIAS

La eliminación no es por lo general necesaria en estas actividades. El reto es suficiente, y el niño que sería eliminado es muchas veces aquel que necesita más práctica. Si un chico choca intencionalmente con otro, la eliminación **temporal** (por ejemplo, pasar uno o dos turnos) puede ayudarle a incrementar su autocontrol; pero recuerden que este alumno necesita tener oportunidad de practicar y desarrollar su autocontrol.

VARIANTES

Utilicen dos hileras en lugar de un círculo. Con todos los participantes moviéndose en sólo dos direcciones, la tarea se vuelve más fácil. Si el espacio es reducido, haga que los niños se muevan en cámara lenta. Utilicen diferentes modos de desplazarse: caminar (hacia adelante/hacia atrás), como cangrejo (ver figura 1-2), saltar dar vueltas, etc.

Figura 1-2

Que cierren los ojos y tararen. Puede preferir que sólo una parte del grupo se mueva a la vez, ya que necesitará más espacio y a algunos jugadores para proteger a los que se desvían y para avisarles a los que se mueven cuándo deben pararse. Esta última variante es una buena preparación para "El robot" y "El coche y el conductor".

PATOS Y VACAS

El conductor murmura al oído de cada niño, ya sea "vaca" o "pato". Todos cierran los ojos y empiezan a hacer el sonido apropiado al animal asignado. Los "animales" similares tratan de encontrarse unos a otros.

DESARROLLO PERCEPTIVO MOTOR por el control corporal; agudeza auditiva; reconocimiento de figura-fondo auditivo o eliminación auditiva (capacidad de seleccionar un estímulo dado de entre otros estímulos irrelevantes que compiten como ruido de fondo; conciencia auditiva direccional y de distanca

DESCARGA DE LA TENSIÓN Y DEL EXCESO DE ENERGÍA: a través de la risa; algo de simpleza; movimiento

AUTOCONTROL al seguir las direcciones, al moverse alrededor de los demás sin chocar, y al permanecer dentro del nuevo grupo formado

DESARROLLO SOCIAL: responsabilidad ante un grupo (tener cuidado con los demás); sentimiento de pertenecer; unidad y solidaridad de grupo (basadas en tener que resolver un problema común)

COMENTARIOS Y SUGERENCIAS

Si hay muchos participantes, alguien ayudará a asignar los animales. Algunos voluntarios ayudarán al grupo a evitar los obstáculos o suele ser una buena idea vagar.

Este juego también es una buena forma de dividir a los niños en cierto número de grupos para otra actividad. Si quiere más grupos, simplemente añada más sonidos de animales.

VARIACIONES

Utilice más de dos animales.

Introduzca sonidos distintos a los de animales (p. ej., instrumentos musicales, sonidos fonéticos, canciones conocidas, problemas matemáticos y sus soluciones, deletreo de palabras, etc.).

Una versión silenciosa implicaría agrupamientos visuales. Se asignan animales y cada participante se mueve apropiadamente; los "animales" se buscan unos a otros a través de pistas visuales.

EL JUEGO DEL ESPEJO

El maestro demuestra frente al grupo una serie de movimientos en cámara lenta y les pide a los alumnos que los imiten **conforme** se va moviendo. Los niños entonces buscan pareja poniéndose frente a frente relativamente cerca uno del otro. Uno de ellos debe empezar a moverse y el otro lo sigue. Después de un período de experimentación, las parejas cambian de papel.

DESARROLLO MOTOR PERCEPTIVO: conciencia corporal; imagen corporal (conocimiento de las partes del cuerpo, su localización y relación); control corporal (equilibrio, coordinación, movimiento de imitación); direccionalidad (conocimiento de las direcciones en el espacio y sus relaciones abajo, arriba, detrás, izquierda, etc.); lateralidad (conciencia de dos lados diferentes en el cuerpo); praxia (la capacidad de organizar una respuesta motriz); conciencia del espacio (estimación, relaciones); ritmo

CAPACIDAD DE ATENCIÓN Y CONCENTRACIÓN: continuo implicarse; compartir un reto; clarificar y simplificar los objetivos

DESCARGA DE LA TENSIÓN Y DEL EXCESO DE ENERGÍA mediante el reto; cambio de ritmo; movimiento y extensión

AUTOCONTROL al reproducir un movimiento en **cámara lenta;** constante autoevaluación

DESARROLLO DE LOS PROCESOS DE PENSAMIENTO mediante la creación; observación visual minuciosa; transformación; reproducción exacta de la información visual

DESARROLLO SOCIAL al trabajar con otros y ser responsable de seguir y conducir; ser capaz de trabajar sin la supervisión constante del adulto

CAPACIDAD FÍSICA: control corporal

COMENTARIOS Y SUGERENCIAS

Puede iniciar a los alumnos haciéndoles realizar algún movimiento lento que ellos elijan para ver lo **más lentamente** que se puedan mover.

Este es el momento ideal para descubrir cuáles niños tienen dificultades en poner las diferentes partes del cuerpo en posiciones específicas que será un indicador de que se debe hacerles ulteriormente pruebas motores y perceptivas, o de que necesitarán una progresión simplificada. Si experimentan dificultades con esta actividad, véase el juego "Sígueme".

VARIANTES

Vaya de lo más simple (mover sólo una parte del cuerpo) a lo más complejo (varias partes del cuerpo se mueven a la vez). Muévanse contando (rítmicamente) en cada nueva posición que se tome: 1-2-3-4 o con movimientos "fluidos" (moviéndose lenta y continuamente de una posición a otra).

Que los alumnos practiquen esta actividad sentados.

Que los niños se pongan detrás del conductor y se muevan conforme él se mueve. Esta variante también puede incluir cierta manera de caminar (p. ej., hacia adelante, hacia atrás, etc.) (véase también "Sombras").

SÍGUEME

El maestro se pone frente al grupo y extiende los brazos en una posición fija. Se les pide a todos que imiten esta posición. Se cambia la posición.

DESARROLLO PERCEPTIVO MOTOR: conocimiento corporal; imagen corporal; relaciones especiales; direccionalidad; lateralidad; discriminación visual; reconocimento visual de un modelo; praxia; imitación del movimiento; coordinación de dos partes del cuerpo

CAPACIDAD DE CONCENTRACIÓN DE LA ATENCIÓN: implicación individual constante; necesidad de una observación visual minuciosa; reto y ritmo

DESCARGA DE LA TENSIÓN Y DEL EXCESO DE ENEGÍA al estirarse; movimiento; cambio de la rutina

AUTOCONTROL al seguir a otro; seguir las direcciones

DESARROLLO DE LOS PROCESOS DEL PENSAMIENTO al dirigir y reproducir demostraciones visuales

CAPACIDAD FÍSICA de reproducir modelos visuales

COMENTARIOS Y SUGERENCIAS

Actividades como ésta son utilizadas para el desarrollo de la percepción visual, siendo útiles para aprender a observar cualquier dificultad que los alumnos puedan tener. Los participantes podrán comprobar ellos mismos que sus respuestas son correctar al observar a los demás, ya que la autoevaluación es preferible, a no ser que el niño o la niña no tenga conciencia de sus errores. En ese caso, que trabajen por parejas en una actividad como "El juego del espejo" antes de realizar un trabajo individual.

Si se encuentra con chicos que tienen dificultades en reproducir patrones, debe 1) tratar de determinar por qué les es difícil (¿experimentan la misma dificultad en reproducir líneas en diferentes direcciones con papel y lápiz? ¿Necesitan simplemente más práctica? ¿Invierten también las letras y los números o confunden la "b" con la "d", la "p" con la "q", etc.); 2) ponerse en contacto con un psicólogo para averiguar si hacen falta pruebas especiales; 3) repasar lecturas relativas al desarrollo perceptivo motor.

La posición que tome en relación a los alumnos (imagen del espejo) suele confundir a algunos de ellos. Si es así, hágales permanecer detrás de usted. En cambio si logran seguir sus movimientos, hágales notar cómo el grupo "refleja" al conductor imitando el brazo izquierdo con el brazo derecho, etc. Algunos pequeños suelen tener dificultades con el concepto de la imagen reflejada más que sufrir algún problema de la percepción, ya que éste implica un nivel mayor de organización. Este tipo de actividades es un buen recurso para ensayar en un hospital infantil o centro de rehabilitación. (Si los niños son menores de seis años, se recomienda colocarlos detrás del maestro.)

PROGRESIÓN SUGERIDA

Comience empleando sólo un brazo. Si los alumnos encuentran la tarea fácil, utilice también el otro.

Los patrones más fáciles son aquéllos en que los dos brazos están en una posición similar (por ejemplo, ambos brazos extendidos, ambos diagonales al cuerpo, etc.). Puede comenzar con estos modelos simples e irlos haciendo más complejos poniendo los brazos en diferentes niveles. Los movimientos con los brazos extendidos son más sencillos que con los brazos doblados. Empiece con los primeros; luego, si el grupo los encuentra sencillos, pase a posiciones con los brazos doblados. Sea creativo.

Haga este ejercicio conjuntamente con "Imitando el reloj y "El juego del espejo".

Nótese "Simón dice..." y "Flechas".

También puede pedirle a uno del grupo que dirija el ejercicio.

LETRAS Y NÚMEROS

Los escolares deben tratar de formar letras o números con su propio cuerpo o con una pareja. Luego hágales preguntas a los alumnos; que traten de contestarlas formando letras o números.

DESARROLLO MOTOR PERCEPTIVO: imagen corporal; concepto del cuerpo; coordinación corporal; relaciones especiales; praxia; conciencia espacial; reconocimiento de modelos

AUTOCONTROL al autodirigirse; deben aceptar la responsabilidad de decidir qué hacer

DESARROLLO DE LOS PROCESOS DEL PENSAMIENTO: creatividad; se induce a pensar; reconocimiento de modelos; resolución de problemas

REFORZAMIENTO DE LA INFORMACIÓN APRENDIDA: el conductor selecciona la información más apropiada

DESARROLLO SOCIAL: mediante la cooperación

COMENTARIOS Y SUGERENCIAS

Recuerde que puede obtener varios tipos de respuestas. Trate de percibir cómo los niños ven **su** respuesta bajo la forma de una letra o una palabra particular, lo que le dará algunas pistas importantes para detectar dificultades específicas.

Si no está seguro de que una respuesta sea la que usted está buscando, pídales a los niños que contesten también verbalmente al hacer el ejercicio. A veces deberán tenderse en el suelo para formar letras o números.

VARIANTES

Esta actividad puede ser utilizada para las respuestas de "Cierto o falso".

Trate de encontrar maneras de modificar esta actividad para reforzar conceptos.

Para niños mayores, pídale a parte del grupo que forme una palabra básica. Luego que los observadores modifiquen la palabra (una o dos letras a la vez), añadiendo o reemplazando una letra por una suya.

PARACAIDISTA

Los niños extienden el material (una cobija, una lona o un paracaídas) sobre el suelo. Uno de ellos se tiende boca arriba al centro de la tela. El resto de los alumnos levantan y estiran la tela lentamente, levantando al paracaidista del suelo. Manteniendo la tela más o menos al nivel de la cintura, levantan y bajan al paracaidista suave y lentamente.

DESARROLLO MOTOR PERCEPTIVO: concepto corporal; conciencia kinestésica; control corporal (en el "vuelo"), adaptabilidad o ajuste del movimiento; conciencia temporal (preparación para "relajarse" al aterrizar y tensionarse al "ser lanzado"); relaciones corporales y espaciales

CAPACIDAD DE ATENCIÓN Y CONCENTRACIÓN: emoción; requiere cooperación; permite al niño iniciar el movimiento; medición del tiempo en equipo

DESCARGA DE LA TENSIÓN Y DEL EXCESO DE ENERGÍA por la emoción

AUTOCONTROL al excitarse y permanecer controlado; espera del turno; ayudar a los demás a gozar de una experiencia

DESARROLLO SOCIAL mediante la confianza; trabajar como unidad en equipo; ayudar a los demás a gozar de una experiencia especial; esperar su turno; compartir; gozar de que otro goce de algo

CAPACIDAD FÍSICA: conocimiento y control corporal; equilibrio sin superficie de apoyo

APTITUD FÍSICA: desarrollo de los músculos de los hombros y brazos.

COMENTARIOS Y SUGERENCIAS

El material debe ser no abrasivo y lo suficientemente resistente como para levantar y sostener a un niño del grupo. Vuelva a evaluar su resistencia cada vez que lo utilice, ya que el uso puede debilitar el tejido.

Cuando el paracaidista y los que lo levantan tengan experiencia, tal vez desee que el paracaidista sea levantado ligeramente de la tela. Pida que lo reboten **suavemente.** Debe permitir que los paracaidistas sean voluntarios. Algunos pueden elegir no ofrecerse, y eso es aceptable. Anímelos pero no los fuerce a participar de esta forma observando al que le gustaría pero no está lo suficientemente afirmado como para pedir una oportunidad.

Las niñas que lleven faldas o vestidos se los pueden sujetar a los costados mientras actúan de paracaidistas.

El cuello es una parte muy vulnerable del cuerpo y hay
que evitar torcerlo. Indique a los pequeños que agachen la
cabeza al "volar" por encima de la tela. Dígales que no
pongan la lengua entre los dientes.

Las convivencias emocionantes tienden a hacer que algunos se sientan descansados y calmados.

VARIANTES

Con una tela circular puede convertir esta actividad en
un carrusel.

Con un paracaídas y niños mayores, varios individuos
pueden ser levantados en el carrusel a la vez. Los pies se
ponen cerca del centro del paracaídas y permanecen sobre
el suelo. No es aconsejable que reboten cuando hay más
paracaidistas, ya que éstos tienden a chocar.

Una "caída con confianza" puede ser divertida para
alumnos experimentados y responsables. Un voluntario se
para sobre algo elevado y **estable,** como una silla **firme-
mente sujetada.** El resto de los chicos agarran la tela por
dos lados a la altura del pecho aproximadamente. La tela
debe ser enrollada por los lados para formar una superficie de recepción en forma de camilla. Cuando todos están
listos, el que se va a tirar se vuelve de espaldas a la tela
y se acerca al borde de la plataforma de apoyo. Al caer hacia atrás, es recogido suavemente. Entonces aquellos que
están abajo bajan los bordes de la tela y ayudan al pequeño
a levantarse. Indíquele al niño o niña que se tira que mantenga el cuerpo lo más derecho posible. Una advertencia:
puede tener que ajustar el nivel de la superficie de recepción en relación a la altura de los que la mantienen y la de
la plataforma de apoyo. ¡Tenga cuidado!

¿PUEDES HACER ESTO?

Los alumnos emplean una parte específica del cuerpo (p. ej., la cabeza, el codo, el pie, la rodilla, el hombro, etc.), para deletrear o describir de alguna otra forma varios fenómenos seleccionados por el maestro o por ellos mismos.

DESARROLLO PERCEPTIVO MOTOR: puede satisfacer las necesidades de los niños respecto a problemas específicos con el cuerpo y en las relaciones con el espacio

CAPACIDAD DE ATENCIÓN Y CONCENTRACIÓN: nuevos retos constantes a no fallar

CAPACIDAD DE ESCUCHAR: participación basada en la decodificación auditiva

DESCARGA DE LA TENSIÓN Y DEL EXCESO DE ENERGÍA al sentirse; creación; ser desafiado; cambio de ritmo; movimiento

DESARROLLO DE LOS PROCESOS DEL PENSAMIENTO al seguir el planteamiento verbal; resolución del problema; generación de soluciones individuales

REFORZAMIENTO DE LA INFORMACIÓN APRENDIDA: puede ser adecuado para el reforzamiento del aprendizaje

CAPACIDAD FÍSICA: control corporal (equilibrio; coordinación)

EJEMPLOS

Poner el codo derecho más alto que la oreja.

Tienen un gis imaginario en el pie izquierdo; escriban su nombre en un pizarrón imaginario (equilibrio).

Escriban con la cabeza la respuesta a una operación de aritmética (el 3 es divertido).

Pongan el pie izquierdo bajo la mano izquierda y ambos detrás suyo.

Lentamente, hacer un círculo con el brazo hacia atrás (medir el ritmo, estirar los músculos del pecho, contar, seguir las instrucciones).

COMENTARIOS Y SUGERENCIAS

Esta actividad debe ser modificada para satisfacer una necesidad particular, en cuyo caso se vuelve más eficaz. También puede ser utilizada conjuntamente con "Puntos y partes".

VARIANTES

Estos ejercicios resultan estimulantes como retos repentinos, pudiendo ser empleados en cualquier lugar o momento cuando hace falta cambiar de actividad o para cubrir otros requisitos, no importando el número de alumnos. Se recomienda emplearlos después del recreo para poner a todos en disposición de continuar sus clases, e incluso es posible integrarlos al material que habrá de estudiar.

SUBE-Y-BAJA

El objetivo es diseñar un sube-y-baja con cualquier combinación de tablas, llantas, etc., que estén disponibles. Al irlo construyendo, todos los miembros del grupo tratan de equilibrarse en él como parte de la creación. Se considera como un éxito balancearse mientras se cuentan lentamente a diez sin que ningún extremo de la tabla ni ninguna parte del cuerpo toque el suelo.

DESARROLLO PERCEPTIVO MOTOR: conocimiento del cuerpo; conciencia kinestésica (un sistema sensorial dentro de los músculos permite el conocimiento corporal al coordinar la conciencia de la posición de las partes del cuerpo y su equilibrio); balanceo (adaptación); conciencia espacial y percepción de relaciones de causa y efecto

CAPACIDAD DE ATENCIÓN Y CONCENTRACIÓN: al ejercer una influencia (ser la causa de que algo ocurra) y al experimentar una influencia; resolución de un problema en grupo; reto al grupo; sentimiento de pertenecer a un grupo que funciona; ser necesitado para el éxito total del grupo

AUTOCONTROL al trabajar en equipo para resolver un desafío específico y claramente delimitado, en que los esfuerzos de todos los participantes contribuyen al éxito del equipo; paciencia y perseverancia

DESARROLLO DE LOS PROCESOS DEL PENSAMIENTO en la percepción del objetivo; creación; generación de soluciones alternativas; resolución de un problema; planeación de la interacción; consideración de causa y efecto; confrontación con la realidad; evaluación

DESARROLLO SOCIAL: mediante la cooperación con el grupo y el trabajo en equipo; escuchar las ideas de los demás; aportar su contribución

CAPACIDADES FÍSICAS: equilibrio estático y dinámico

COMENTARIOS Y SUGERENCIAS

Revise todo el material por si hubiera clavos u otros peligros. Este es un buen momento para tomar fotografías.

Si por casualidad estuvieran estudiando el equilibrio, esta actividad podría reforzar la información aprendida. Tal vez una discusión sobre el equilibrio podría ser apropiada después de esta actividad para su grupo.

VARIANTES

Para niños pequeños, se pueden utilizar tablas de 6 a 10 centímetros, una corta y una larga

Dos niños pueden tratar de balancearse, uno en cada punta utilizando la tabla corta como punto de apoyo, y la otra, de aproximadamente un metro de larga, para balancearse.

Un sube-y-baja individual se hace con una tabla de 6 cm por 10 de grueso y unos 50 a 60 cm de largo, y un eje de 6 cm por 10. Para retar a aquellos que se pueden balancear fácilmente, haga que traten de hacer girar la tabla sobre su eje o de invertir la posición de los pies sin perder el equilibrio. Pídales a los alumnos que inventen pruebas por sí mismos. Balancearse con los ojos cerrados es difícil pero posible.

LOS CUATRO PUNTOS CARDINALES

De pie, los alumnos se ponen frente a una dirección dada. El maestro da una pista sobre una dirección específica (p. ej., "¿Por dónde sale el sol en la mañana?" o "Pónganse frente a Europa"), y los niños tratan de ponerse frente a esta dirección.

DESARROLLO PERCEPTIVO MOTOR: refuerza el conocimiento de la ubicación y la orientación; ayuda a apreciar relaciones espaciales para calcular distancias y ajustes de posición corporal

CAPACIDAD DE ATENCIÓN Y CONCENTRACIÓN: involucramiento activo (para poder responder han de prestar gran atención); agilidad

CAPACIDAD DE DISCRIMINACIÓN AUDITIVA: pistas orales (cuando no conocen la respuesta, los pequeños se valen de las pistas visuales, pero por ser repetitivo, el juego les impulsa a superarse y los niños van respondiendo cada vez más rápidamente y con menor dependencia)

AUTOCONTROL: estar continuamente involucrado y concentrado; unidad del grupo con el modelo o estructura básica; éxito (es estimulante entremezclar varias pruebas fáciles con algunas dificultades)

DESARROLLO DE LOS PROCESOS DEL PENSAMIENTO: comprensión e interpretación de las preguntas, transferencia de un modo (saber) a otro (aplicación), y dar las respuestas apropiadas; la retroalimentación directa e inmediata permite la autoevaluación

REFORZAMIENTO DE LA INFORMACIÓN APRENDIDA: orientación e información sobre la ubicación (dentro de un edificio o barrio; repaso de geografía, del estudio de mapas, de acontecimientos actuales, etc.); la falta de conocimientos suficientes se puede observar de inmediato

COMENTARIOS Y SUGERENCIAS

Como cada quien recibe una retroalimentación inmediata, por lo general no es necesario corregir errores. Cuando se les permite a los alumnos corregir sus propios errores de inmediato, se logra un mayor aprendizaje.

Si desea que se comprometan con sus propias respuestas, haga que los niños contesten todos juntos al contar tres o cinco, por ejemplo. Tal vez lo podrían hacer al tiempo que se balancean sobre un pie. Vale la pena inducirlos a superarse a sí mismos al balancearse cada vez sobre un pie diferente, ya que tendemos a balancearnos siempre sobre el mismo lado del cuerpo. Haga que los alumnos platiquen por qué es importante conocer las direcciones.

VARIANTES

Diversifique los lugares y ubicaciones (p. ej., las direcciones de la brújula, los países, estados, ciudados, lugares del barrio, localizaciones dentro del edificio o en la vecindad inmediata). Empiece con los signos N-S-E-O en las paredes, luego quítelos para ver si los niños están aprendiendo.

Incluya en la actividad aspectos de adecuación física (p. ej., "Voltéense hacia el norte y troten en el sitio").

Haga preguntas compuestas, como "Voltéense hacia el Estado en que se dio la batalla decisiva de la Revolución." Los niños deben conocer **tanto** el Estado como la dirección para contestar la pregunta.

2

Capacidad de atención y concentración

Las criaturas son básicamente curiosas. Un bebé jugará con un objeto particular durante un tiempo considerable sin soltarlo aunque se distraiga su atención con otro objeto. No obstante, su atención parece de cierta manera no tener una dirección determinada o un objetivo específico, que no sea la estimulación sensorial que recibe de aquello en que se está interesando.

Vivimos en un mundo de bombardeo sensorial, y para relacionarnos eficazmente con él debemos aprender a separar lo relevante de lo irrelevante en una situación dada. Debemos determinar objetivos, percibir las relaciones, y a partir de ahí, sacar conclusiones sobre las que podamos actuar. Por eso, la atención y la concentración son dos habilidades importantes. Nuestro funcionamiento cotidiano y la capacidad de aprender eficazmente requieren de estos dos componentes, y necesitamos experimentarlos para desarrollar nuestras habilidades.

Como el objetivo de la mayoría de las actividades motrices es bastante claro, el pequeño pronto toma conciencia de que la atención y la concentración son vitales para alcanzar los resultados deseados. El alumno cuya atención se distrae por lo general, se da muy pronto cuenta de sus efectos y tendrá la oportunidad casi inmediata de ajustarse a una conducta más exitosa.

En tanto que adultos, hemos encontrado que decirle a un escolar que ponga atención o se concentre, por lo general no es de mucha ayuda. En cambio, darle una razón significativa de practicar estas habilidades puede ser más prometedor.

Si esta área es de un interés especial, véase el índice para actividades adicionales.

BASTONCITOS

Cada alumno prepara dos bastoncitos tubulares de unos veinte a treinta cm de largo y de aproximadamente tres a seis centímetros de diámetro (que los pueda asir fácilmente). Pueden hacerse fácilmente enrollando periódicos o cualquier papel del tamaño deseado. (Véase "Cómo hacer material a bajo o ningún costo".) Los niños se sientan por parejas con las piernas cruzadas, el uno frente al otro o ante una mesa estrecha o dos escritorios juntos. Las parejas mueven sus bastoncitos al unísono al contar tres. Se suelen asir los bastoncitos como si se estuviera deteniendo una vela, más o menos a la mitad entre sus dos extremos. Por lo general, se introducen dos o tres patrones básicos (véase abajo) y se induce a los niños a que creen sus propias secuencias y modelos.

DESARROLLO PERCEPTIVO MOTOR: rastreo visual (la habilidad para seguir visualmente un objeto o persona que se mueve); figura o fondo visual; manipulación de los objetos; coordinación visual manual; crear modelos y secuencias; modelos temporales (percibir patrones de tiempo tales como el ritmo)

CAPACIDAD DE ATENCIÓN Y CONCENTRACIÓN REQUERIDO PARA lograr el éxito y responder al compañero; movimiento del objeto, ritmo y movimiento siguiendo un modelo; implicación mental, física y social

AUTOCONTROL: superación personal; conciencia de ir progresando; continua implicación y concentración; responsabilidad ante otro; demostrar el ritmo propio

DESARROLLO DE LOS PROCESOS DE PENSAMIENTO: creatividad; resolución de un problema; desarrolla la memoria (modelo y secuencia)

DESARROLLO SOCIAL al cooperar con otro durante un largo período de tiempo

CAPACIDAD FÍSICA: coordinación visual manual

COMENTARIOS Y SUGERENCIAS

Modelos básicos:

1. Golpear el extremo inferior de los bastones en el suelo; después golpearlo uno contra otro; luego golpear el bastón derecho del compañero con el bastón derecho de uno. Repetirlo golpeando el bastón izquierdo con el izquierdo del compañero.
2. Misma secuencia, sólo que se golpean ambos bastones del compañero a la tercera vez. Se repite.
3. Misma secuencia, sólo que se cambia el bastón derecho (lanzándolo al aire) por el del compañero al contar tres. Se repite cambiando el izquierdo por el izquierdo.

Una técnica consiste en mantener los bastoncitos levantados al intercambiarlos, lanzándolos suavemente al aire para darle más tiempo al compañero para lanzar y agarrar. Cuando ambos bastoncitos son intercambiados, es mejor si uno lo lanza hacia el interior y otro hacia el exterior. Encontrará que es una experiencia de aprnedizaje más cooperativa si permite que los alumnos busquen estas soluciones o técnicas por sí mismos.

Los bastones también los pueden tirar y cacharlos ellos mismos, cruzarlos, y así sucesivamente. Tal vez la experiencia más innovadora sea dejar que los niños creen sus propios modelos, secuencias y técnicas.

Resulta divertido, mientras se hace el ejercicio recitar o cantar alguna rima como la siguiente, que lleva un ritmo marcado al compás de tres:

> Naranja dulce, limón partido,
> dame un abrazo que yo te pido.
> Si fueran falsos mis juramentos,
> en otros tiempos se olvidarán.
> Toca la marcha, mi pecho llora;
> adiós, señora, yo ya me voy.

Algunos maestros utilizan palos de madera como bastones. Mi experiencia me ha demostrado que los bastoncillos de papel son más silenciosos y seguros; además, son más fáciles de conseguir.

El juego de los bastones tubulares es una actividad apropiada para desarrollar en varias sesiones. También se utilizan para prácticas o demostraciones en grupo o individuales.

VARIANTES

Los alumnos trabajan individualmente en un grupo grande, aprendiendo algunos patrones básicos y la canción antes de trabajar con un compañero. Con algunos grupos, esta secuencia puede ser preferible. Todos han de sentarse en círculo; en esta formación, se sientan cerca unos de otros y le pasan el bastoncillo a la persona a su derecha o a su izquierda. En tal posición, se pasa el bastón verticalmente; es decir, que un jugador trata de parar el bastón frente al que lo va a recibir, de tal forma que éste tenga tiempo de pasar su bastón y agarrar el nuevo. Esta actividad requiere destreza y cooperación.

Varios números de jugadores pueden trabajar juntos.

Los bastones largos (sesenta a noventa centímetros de largo) se utilizan algunas veces (el papel periódico se enrolla a lo largo). En este caso, el bastón se suele balancear de un extremo conforme se va pasando. Los alumnos deben estar de pie al usar bastones largos, formándose de cuatro, cinco o seis.

TE LLAMAS JUANITO

Cada jugador debe saber por lo menos el nombre de dos o tres participantes (si el grupo es nuevo, o si hay un nuevo miembro en el grupo). También se les permite que utilicen el nombre del conductor (si éste está de acuerdo). El que tiene la pelota se la lanza a otro y al mismo tiempo dice el nombre de esa persona. Ese jugador entonces continúa.

DESARROLLO PERCEPTIVO MOTOR: rastreo visual; conciencia del espacio; coordinación óculo manual; direccionalidad

CAPACIDAD DE ATENCIÓN Y CONCENTRACIÓN: involucramiento imprevisible, acción rápida, formación circular y objeto volador; ser identificado (ser conocido como "alguien" puede llevar a involucrarse más y positivamente)

DESCARGA DE LA TENSIÓN Y DEL EXCESO DE ENERGÍA por la actividad moderada; elección del receptor; reto hacia uno mismo: se puede elegir el propio nivel de riesgo (p. ej., riesgo limitado —llamar a alguien que uno está seguro de conocer; un poco más arriesgado —decir un nombre que se acaba de aprender; riesgo grande —llamar un nombre del que uno no está seguro; riesgo más grande —correr el riesgo de equivocarse o preguntarle a alguien su nombre)

DESARROLLO DE LOS PROCESOS DEL PENSAMIENTO: memoria; toma de decisiones

DESARROLLO SOCIAL: aprender nombres e identidades; sentimiento de pertenecer; sentirse a gusto con el grupo; ayudar a los demás a sentirse más a gusto (asegurándose de que todos participen y haciendo buenos pases)

CAPACIDAD FÍSICA: mucha práctica fácil al lanzar y recibir

COMENTARIOS Y SUGERENCIAS

Las ventajas de una pelota de estambre (véase "Cómo hacer material a bajo o ningún costo") son las siguientes: 1) una pelota blanda tiende a igualar o nivelar las habilidades, siendo menos susceptible de separar a los niños hábiles de los menos hábiles; 2) ayuda a reducir el miedo que le suelen tener los pequeños a un objeto que se les lanza; y 3) permite jugar casi en cualquier lugar sin daños. Se debe motivar al grupo a que trate de incluir a todos si ello no se da automáticamente.

Esta es una buena actividad para ayudarle al maestro o al conductor a aprender los nombres de los miembros del grupo, o para ayudarle a un alumno nuevo a sentirse más cómodo en una situación desconocida.

A pesar de que esté propiciando la inclusión de todos, se le debe permitir al jugador lanzar la pelota a quien desee, lo que le da al chico inseguro cierto grado de bienestar. También es algo divertido que dos niños elijan hacerse varios pases rápidos el uno al otro. Esto por lo general durará unos cuantos pases y después le pasarán la pelota a algún otro. Se debe animar a los jugadores a que lancen la pelota directamente al blanco. Es una práctica excelente e importante para mejorar la habilidad en todas las actividades.

Este puede ser el momento apropiado para enfatizar la responsabilidad del que lanza en hacer los mejores pases posibles, ya que los fallos se deben más a un mal pase que al atrapar mal la pelota.

El lanzador debe dirigir la pelota hacia el centro del pecho del que la recibe.

La disposición del lanzador a tomar riesgos probablemente refleje su sentimiento de adecuación al grupo.

VARIANTES

Si no es posible desplazar los muebles, jueguen en la formación que convenga.

La formación en círculo le permite ver a cada quien y estar a buena distancia de todos los demás para lanzar.

No sienta que debe animarlos a ir rápido. Eso se dará según los pequeños se vayan volviendo más hábiles. Los niños encuentran la manera de superarse a sí mismos cuando se sienten cómodos y dispuestos.

Esta actividad puede ser un buen preliminar para "Juego de manos en equipo".

EL MONSTRUO

Los participantes forman grupos de cuatro. Cada grupo tiene un monstruo (el que la trae), que designa quién será la "presa". Todos, salvo el monstruo, se dan la mano y se voltean hacia el centro del círculo. A la señal, el monstruo trata de ver cuántas veces la "presa" puede ser atrapada mientras que los otros tres jugadores procuran evitarlo. Al monstruo no se le permite meter la mano a través de círculo. El maestro grita "encantados" para parar la acción; los dos jugadores restantes se vuelven el monstruo y la presa, y se vuelve a iniciar el juego. Al tercer turno, el monstruo inicial y la presa deben intercambiar papeles, y si los niños no están cansados, el intercambio puede hacerse también al cuarto turno.

DESARROLLO PERCEPTIVO MOTOR: equilibrio; concepto del espacio; relaciones espaciales (dirección y lateralidad)

CAPACIDAD DE ATENCIÓN Y CONCENTRACIÓN al estar agarrados entre sí; particularidad del objetivo; responsabilidad como parte de un grupo; continua implicación y adaptación

DESCARGA DE LA TENSIÓN Y DEL EXCESO DE ENERGÍA actividad vigorosa

AUTOCONTROL: excitación; sentir la decisión de las dos otras personas y tomar rápidamente decisiones y compromisos (conocimiento del efecto de la interacción, estas decisiones se basan en algo más que en la repercusión sobre sí mismo)

DESARROLLO DE LOS PROCESOS DEL PENSAMIENTO al adaptarse a una situación en cambio constante

REFORZAMIENTO DE LA INFORMACIÓN APRENDIDA 1) técnica para salvaguardarse y protegerse (mantenerse entre la agresión y lo que tiene que ser protegido); doblar las rodillas para arranques y paradas rápidas, y equilibrio

DESARROLLO SOCIAL: proteger y ser protegido; trabajar con otras dos personas hacia una meta común; comprometerse y dar y recibir

CAPACIDAD FÍSICA: agilidad; equilibrio (adaptarse a una fuerza externa); habilidad de pararse y arrancar rápidamente y asimilar la fuerza.

APTITUD FÍSICA: desarrollo de los hombros; es un buen movimiento vigoroso en un espacio limitado

COMENTARIOS Y SUGERENCIAS

Si no es posible formar todos los grupos de cuatro, se puede jugar con unos dos grupos de cinco, siendo cuatro los del círculo protector.

Cuando el espacio es limitado, no será posible que todos jueguen a la vez. Si es así, haga que algunos cuenten "toques" de los monstruos.

La "presa" puede llevar algún distintivo (p. ej., una tira de tela alrededor del brazo o de la cabeza, un sombrero, etc.).

Incite a los niños a ser honestos cuando sean atrapados, pero considere también que con la excitación, un pequeño puede sinceramente no darse cuenta que ha sido tocado. No hace falta darle demasiado énfasis a la puntuación.

Para evitar que los grupos choquen unos con otros, haga una cruz en el suelo. Si un grupo se sale de la marca, cuenta como un toque y el grupo debe volver a su posición inicial.

Puede enseñarles la técnica de doblar las rodillas para cambiar rápidamente de dirección y conservar el equilibrio. Para niños mayores, es útil comentar brevemente la idea de la defensa (relacionar el juego del monstruo con el baloncesto) poniéndose entre el ataque y la meta.

VARIANTES

Se ata una tira de tela al cinturón por la espalda para que el monstruo la agarre. Este recurso es más evidente que el toque pero requiere tiempo para reemplazarlo cada vez que es arrebatado.

El monstruo puede tener la opción de cambiar de presa en **cualquier** momento diciendo el nombre de la nueva presa.

Tal vez con niños muy pequeños o con los que tengan dificultades con el conocimiento del espacio, el monstruo puede ser un adulto que lleve una máscara. En este caso, será necesario que un mayor determine y controle el ritmo de la actividad. La excitación puede incrementar la efectividad del juego o bien destruirlo.

ROBA LA PRENDA

Se divide el grupo en dos equipos iguales, que se ponen uno frente a otro. Empezando por extremos opuestos, se van contando de dos en dos los niños de cada equipo, dándole a cada quien un número específico. El maestro llama un número y los dos que llevan ese número avanzan rápidamente hacia la "prenda" (una tela, una cámara de llanta de bicicleta, etc.), que está en medio y a igual distancia de los dos equipos. El objetivo es tratar de arrebatar la prenda y correr hasta la fila del equipo sin ser tocado por el otro jugador. Gana el equipo cuyo jugador cruza la raya o toca al que lleva la prenda.

CAPACIDAD DE ATENCIÓN Y CONCENTRACIÓN: reto; competitividad; divertido de mirar; anticipación

CAPACIDAD AUDITIVA: recordar las señales y escuchar una llamada particular

DESARROLLO DE LOS PROCESOS DEL PENSAMIENTO al desarrollar estrategias

CAPACIDADES FÍSICAS: estar alerta; observar el movimiento de otro; posible reducción del tiempo de reacción y de movimiento; agilidad

COMENTARIOS Y SUGERENCIAS

La "prenda" debe ser lo suficientemente grande para que los oponentes no choquen de cabeza cuando ambos arrebatan la prenda al mismo tiempo.

Es válido cuestionar el número de chicos inactivos en esta actividad. Tal vez sea indicada para un día caluroso o cuando sienta que los alumnos deben aprender a ser pacientes y esperar su turno. Una vez más, depende de su(s) objetivo(s).

Si los que han sido llamados parecen tardarse demasiado, hay que darle el tiempo contado, y si sigue sin haber acción, que sea un empate.

Si el grupo es impar, o bien el maestro debe jugar, o el alumno restante ha de decir los números. (Asegúrese de que éste cambia de lugar con otro periódicamente.)

Una tarjeta con los números, que se van tachando conforme se llaman, le asegurará que todos tengan su turno.

Para dividir un grupo en dos equipos iguales, el maestro selecciona un compañero que también escoge. Es un método rápido y eficaz, aunque tal vez prefiramos tener en cuenta al niño que por ser tímido, por no ser elegido o por torpe, se sentirá incómodo. En este caso vale la pena invertir más tiempo en contarlos de dos en dos o jugar algo como "Patos y vacas" para dividir el grupo.

VARIANTES

Llame a más de un jugador a la vez.

Los miembros de cada equipo tratan de empujar o jalar un costal de ropa a través de su fila (en esta variante ya no hay que tocar al otro). Utilizar una pelota grande o un colchón viejo enrollado. Se llaman varios números a la vez, dependiendo del tamaño de la "prenda" y de los alumnos.

Utilice una cámara vieja de llanta de bicicleta para jalar.

Plantee problemas de matemáticas para determinar el número del jugador que va a arrebatar la prenda.

Que **cada quien** tenga una tira de tapete. Los jugadores llamados van hacia el tapete, se paran sobre él, y tratan de desplazarlo a lo largo de la raya lo más lejos posible. El niño que tenga problemas serios de mobilidad (p. ej., parálisis cerebral, muletas), podrá participar simplemente tocando el tapete y volviendo a la raya de su equipo. Los tapetes son útiles también cuando el espacio es reducido.

DETECTIVE

Se le pide a un alumno (el detective) que salga del cuarto. Se escoge un conductor, quien inicia un movimiento que todos imitan. Cuando el director cambia un movimiento dado, los demás también lo hacen. Tan pronto como los niños captan la idea, el detective vuelve al cuarto. Se aclara que la tarea de éste es descubrir quién inicia el nuevo movimiento (permitir que adivine tres veces).

DESARROLLO PERCEPTIVO MOTOR: conocimiento visual y discriminación; conocimiento y discriminación auditivos (véase la variante con sonidos)

CAPACIDAD DE ATENCIÓN Y CONCENTRACIÓN al detectar el origen del cambio; estar alerta a los posibles cambios

CAPACIDAD DE ESCUCHAR: conocimiento y discriminación auditivos; conocimiento y discriminación visuales

AUTOCONTROL al concentrarse y perseverar; adaptarse y fundirse rápidamente al nuevo movimiento; dirección propia

DESARROLLO SOCIAL al aceptar una responsabilidad y aprender a funcionar como parte del grupo con un objetivo común

COMENTARIOS Y SUGERENCIAS

Darse cuenta de las pistas auditivas y visuales en el entorno de uno es una habilidad importante.

Trate de incitar variedad en los movimientos utilizando diferentes partes del cuerpo.

Si el que el detective salga del cuarto hace la actividad demasiado lenta, pídale que se vuelva de espaldas al grupo o que cierre los ojos mientras que se designa a un nuevo conductor (señalándolo con el dedo). Que este jugador o jugadora levante la mano para que todos vean quién va a ser el nuevo director.

Haga que los niños planeen algunas estrategias para ocultar quién está dirigiendo y otras para detectarlo.

Si los niños tienen experiencia en dirigir sus propios juegos, que haya más de un grupo funcionando a la vez. Véase "¿Dónde está?"

VARIANTES

Los movimientos pueden ser visuales (más difíciles de detectar) o incluir sonidos, tales como palmaditas, golpecitos, saltos, etc. (más fáciles de detectar). Cuando el sonido empieza y termina suavemente, el cambio es más difícil de detectar.

(Los movimientos pueden ser amplio (más fáciles) o pequeños (más difíciles) como golpear con un dedo o mover la nariz. Una estrategia consiste en empezar con un movimiento muy pequeño, hacerlo progresivamente más grande hasta que sea realmente amplio, y luego irlo reduciendo de nuevo. En cualquier momento del proceso, el movimiento puede ser modificado o cambiado.

PING-PONG SOLITARIO

Cada alumno trabaja individualmente en la tarea. El objetivo es golpear la pelota en el aire, tratando de hacerla rebotar alternativamente en los dos lados de la raqueta de ping-pong modificada (ver la figura 2-1) tantas veces como sea posible sin fallar. El niño o niña lleva la cuenta y cuando falla, empieza otra vez a contar. Cada quien trata de mejorar su propio récord.

DESARROLLO PERCEPTIVO MOTOR: coordinación o cubo manual; rastreo visual; conocimiento del espacio; medición del tiempo y ritmo

CAPACIDAD de atención y concentración como base de la actividad

AUTOCONTROL: perseverancia ante el fallo; competir consigo mismo y autoevaluación intrínseca

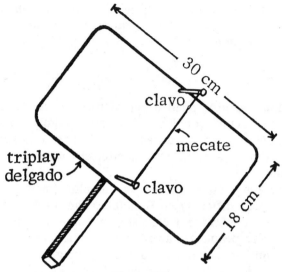

Figura 2-1

DESARROLLO DE LOS PROCESOS DEL PENSAMIENTO: prueba y error con retroalimentación; análisis; resolución de un problema; estimación de la fuerza y de los ángulos de rebote

CAPACIDADES FÍSICAS: ajuste de la fuerza y del ángulo; control motor adecuado

COMENTARIOS Y SUGERENCIAS

Haga que el récord personal sea más importante que la competencia. Este énfasis permite un mayor éxito y una continua superación de cada quien.

Esta resulta una buena actividad para niños con pequeñas limitaciones físicas, siendo muy útil en programas de recreo para hospitales y centros de rehabilitación.

VARIANTES

El niño hace rebotar la pelota contra cualquier pared con una raqueta común de ping-pong, o juega en una mesa sin modificación de la estructura de la red.

Puede fabricar raquetas con ganchos de ropa y medias de nailon y pelotas de papel arrugado (véase el apéndice C). En esta variante, el niño o la niña simplemente golpea la pelota de papel lanzándola al aire.

Para aquel que tenga mucha dificultad, cuelgue (atándola) una pelota (o bola de papel, o una veleta, etc.), desde arriba. Que el niño golpee al objeto cuando éste se balancea de la cuerda. El objeto que se balancea es mucho más consistente que la pelota libremente lanzada.

LOS PÁJAROS VUELAN

Todos están de pie. Se escoge a un conductor, que nombra rápidamente varias cosas que vuelan. Cada vez que el conductor nombra algo que vuela, los participantes agitan los brazos vigorosamente (p. ej., "los patos vuelan", "los mosquitos vuelan", etc.). Si el director nombra algo que no vuela, los jugadores deben cruzar los brazos sobre el pecho. El que agite los brazos cuando debería haberlos cruzado, debe sentarse pero sigue participando en esta posición.

CAPACIDAD DE ATENCIÓN Y CONCENTRACIÓN: involucramiento y toma de decisiones constantes; frecuente oportunidad de moverse; información verbal o visual procedente de otros niños

CAPACIDAD AUDITIVA como base de la habilidad para tomar decisiones rápidas

DESCARGA DE LA TENSIÓN Y DEL EXCESO DE ENERGÍA: oportunidad de moverse y estirarse (especialmente los hombros y la parte superior de la espalda, donde tiende a localizarse la tensión)

AUTOCONTROL basada en la toma de decisiones y las respuestas, que requieren de autodeterminación y dirección

DESARROLLO DE LOS PROCESOS DEL PENSAMIENTO: rápida toma de decisiones basada en la información auditiva

APTITUD FÍSICA: desarrollo de los hombros

COMENTARIOS Y SUGERENCIAS

Antes de empezar es aconsejable hablar de lo que vuela y lo que no, para que los alumnos también puedan dirigir

El primer conductor será probablemente un adulto o un alumno listo que entienda el concepto de la actividad.

Este es un buen ejercicio para los niños inquietos, porque les da ocasión de moverse.

Ya que en los hombros y la espalda se origina tensión al estar sentado, es benéfico ejercitar y estirar esta zona.

Los que poseen una capacidad limitada probablemente empezarán tomando la información visual de los demás; no obstante, a medida que progresa la actividad, muchos aceptarán el desafío de la independencia al captar la información oral. Nótese que los que fallan no son eliminados sino que deben sentarse y responder; así el niño sigue progresando con la experiencia, pero desde una posición que implica mayor control externo.

Esta será una buena actividad preliminar para "Simón dice"... (ver abajo).

Si desea animar a los niños a que estén atentos a la información auditiva, pídales que cierren los ojos.

VARIANTES

"Simón dice..." es similar a "Los pájaros vuelan". El maestro dice: "Simón dice de pie"; "Simón dice estírense"; "Den palmadas". Los participantes deben hacer todo lo que Simón dice, pero si la orden no va precedida de las palabras "Simón dice" (como en "Den palmadas"), no debe ser obedecida. Véase "Simón dice..."

ARREBATA LA BANDERA

Cada quien se ciñe una tira de tela en la pretina del pantalón o falda sobre la cadera izquierda. El objetivo es arrebatar las otras banderas y al mismo tiempo tratar de evitar que le arrebaten a uno la suya. Los participantes no deben tocar su propia bandera ni golpear o empujar a otro. El niño o niña sólo debe proteger su propia bandera moviéndose para ponerla fuera del alcance de la persona que la corretea. Se hace un alto y se devuelven las banderas a aquellos que las han perdido. Se inicia otra vez el juego a la señal del conductor. Este juego puede o no ser eliminativo.

DESARROLLO PERCEPTIVO MOTOR: conciencia del espacio; relaciones espaciales; control corporal y coordinación

CAPACIDAD DE ATENCIÓN Y CONCENTRACIÓN como base del éxito; también se debe ser capaz de esquivar y ajustar la atención y la concentración rápidamente

DESCARGA DE LA TENSIÓN Y DEL EXCESO DE ENERGÍA: movimiento rápido y vigoroso; constante desafío

AUTOCONTROL al jugar dentro de las reglas sin sobreexcitarse ni irritarse

DESARROLLO DE LOS PROCESOS DEL PENSAMIENTO: observación rápida de un entorno cambiante; rápida toma de decisiones

DESARROLLO SOCIAL al jugar dentro de los límites de las reglas

CAPACIDADES FÍSICAS: alertas a la información visual con rápidas respuestas motrices; agilidad; adaptabilidad; equilibrio en movimiento (dinámico); puede reducir el tiempo de reacción y de movimiento (el tiempo de reacción se mide desde el reconocimiento del estímulo a la iniciación del movimiento; el tiempo de movimiento se mide desde la reacción a la terminación de la tarea)

APTITUD FÍSICA mediante un ejercicio vigoroso

COMENTARIOS Y SUGERENCIAS

La dirección del adulto suele ser importante.

Ya que este juego es potencialmente caótico, debe considerar la mejor progresión para su grupo (véase las variantes abajo).

Mi creencia personal es que esta actividad debe ser utilizada para propiciar el desarrollo de la responsabilidad social (la seguridad) y la habilidad. Las tiras de tela van remetidas, no atadas, para evitar que se rompa la ropa. Si algún jugador no tiene pretina, una larga tira de tela hará de cinturón, en el cual se mete la bandera.

Por lo menos veinticinco centímetros de bandera deben colgar libremente para asirla.

Tenga en cuenta que las banderas en el suelo son peligrosas (aunque mínimamente al exterior).

Ya que esta actividad es muy vigorosa, es útil emplear un silbato para parar la acción.

Se cambia el lapso de tiempo permitido para cada episodio.

Demasiada excitación o cansancio lleva a un aumento de incidentes. Una alternativa es permitir que los niños "queden fuera" o "participar"; probablemente se pueda establecer un "lugar de descanso".

VARIANTES

Si el espacio es limitado, haga que sólo una parte del grupo participe a la vez.

Las tiras de tela se pueden unir a ambas caderas.

Haga jugar dos equipos (dos colores). Los jugadores arrancan las banderas del otro equipo, y los compañeros de equipo se protegen unos a otros (más estrategia y trabajo de grupo).

Dos niños juegan el uno contra el otro. Para evitar chocar, delimite el espacio, asignando a la pareja un área específica, o haciendo que cada uno de los oponentes mantenga un extremo de una tercera tira de tela.

Al perder la bandera, el jugador podría ser eliminado, pero no forzosamente.

La eliminación tiene tanto una ventaja (reducir el número de personas en un espacio concurrido) como sus inconvenientes (la dificultad de reforzamiento y la tendencia a eliminar a aquellos que más necesitan involucrarse).

Puede incluir la voz individual de "quemado", que dará un ayudante cuando se dé demasiada rudeza. La voz eliminará a un jugador durante ese turno. La regla de "no tocar" reducirá los incidentes, proporcionando una mayor habilidad en algunos grupos.

Es posible crear un sistema de puntuación o jugar sin puntuación. La oportunidad de superación que representa la segunda opción puede ser suficiente, ya que la puntuación complica la actividad.

CUATRO CUADROS

En cada uno de los cuatro cuadros (ver la figura 2-2), se para un chico, y se hace rebotar la pelota de uno a otro con cierto orden. La pelota debe lanzarse a un cuadro diferente del propio y rebotar sólo una vez antes de ser lanzada de nuevo por otro jugador. Este juego se puede jugar como el "Volibol sentado", tratando cada grupo de cuatro de ver lo más que pueden durar lanzando la pelota, o bien de manera que él que pierde se sale. Todos los jugadores restantes se cambian al cuadro con el número más alto disponible, y entra un nuevo jugador al cuadro 1. El objetivo de este juego sería quedarse dentro el mayor tiempo posible.

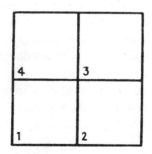

Figura 2-2

DESARROLLO PERCEPTIVO MOTOR: coordinación visual manual; rastreo visual; conocimiento espacial

CAPACIDAD DE ATENCIÓN Y CONCENTRACIÓN: involucramiento continuo y no asegurado; deseo de participar; ritmo; protección territorial (es importante ser capaz de mantener la atención en situaciones en que el involucramiento directo es incierto e inconsistente)

DESCARGA DE LA TENSIÓN Y DEL EXCESO DE ENERGÍA al cambiar de la rutina; reto; concentración de la atención; implicación social e individual

AUTOCONTROL al jugar dentro de unas reglas; tomar decisiones apropiadas al plantearse las cuestiones; esperar su turno; jugar sin la supervisión directa y constante de un adulto

DESARROLLO SOCIAL al funcionar junto con otros sin la supervisión constante del adulto y aunque las decisiones vayan en contra de uno mismo; ser buen perdedor consigo mismo y con los demás

CAPACIDADES FÍSICAS: coordinación visual manual

COMENTARIOS Y SUGERENCIAS

El tamaño de la cancha depende del tamaño y de la habilidad de los participantes; un cuadro de un metro 20 por un metro 20 suele ser un buen comienzo. Los alumnos deben permanecer fuera de los cuadros para jugar. Para ayudarles a progresar, enséñeles a que sigan con los ojos la trayectoria de la pelota hacia donde la quieran lanzar.

Es una buena actividad para jugar en un patio de recreo, ya que a los niños les gusta jugar solos. Haga que pinten varias canchas en el patio de recreo si esta actividad se vuelve popular. En ese caso podrán elegir entre el cooperativo "Vólibol libre" y el competitivo "Cuatro cuadros".

Los retadores por lo general se alinean como a unos dos metros atrás del cuadro 1. Las reglas deben ser establecidas según la habilidad de los alumnos (véase abajo).

VARIANTES

Los chicos menos hábiles podrán rebotar y cachar la pelota y los más aficionados golpearla. Al principio, es más fácil golpear la pelota hacia arriba. Después, querrán golpearla por abajo, lo que la hace ir más de prisa.

Se puede incrementar la dificultad haciendo que los chicos se lancen la pelota en un orden determinado o declarando las pelotas que caigan sobre las rayas fuera de rebote.

ZIG-ZAG

El grupo forma un círculo, y una persona se pone en medio. Dando vueltas a la rueda, ésta señala a otra diciendo "zig" o "zag". Si dice "zig", el niño señalado debe nombrar al que está a su izquierda antes de que el retador cuente hasta diez. Si dice "zag", debe nombrarse al de la derecha. El que falla cambia de lugar con el retador.

DESARROLLO PERCEPTIVO MOTOR: discriminación auditiva
CAPACIDAD DE ATENCIÓN Y CONCENTRACIÓN al esperar pero mantenerse alerta, una prueba de atención y concentración más difícil que el involucramiento constante
CAPACIDAD DE ESCUCHA: rápida interpretación de una pista verbal
DESCARGA DE LA TENSIÓN Y DEL EXCESO DE ENERGÍA por la excitación; cambio de la rutina; sobrellevar una tensión específica y limitada en el tiempo
AUTOCONTROL al funcionar bajo tensión
DESARROLLO DE LOS PROCESOS DEL PENSAMIENTO al hacer rápidas y sencillas opciones bajo tensión y responder apropiadamente

COMENTARIOS Y SUGERENCIAS

Si el contar hasta diez no es suficiente, que el retador cuente "mil ciento uno, mil ciento dos . . ."

Cambie las posiciones de los participantes para introducir mayor dificultad; así deben recordar nuevos nombres.

Esta actividad será útil cuando un nuevo alumno se integra al grupo o cuando usted está intentando aprender sus nombres.

VARIANTES

Si "zig" y "zag" son demasiado complicados, utilice "izquierda" y "derecha".

El retador dice zig y señala a un participante, que nombra al jugador a su derecha, etc., continuando alrededor del círculo lo más rápidamente posible hasta que el retador dice zag (se invierte la dirección) o señala a un nuevo retador.

3

Percepción auditiva

Gran parte de la vida está basada en la información auditiva y en las respuestas apropiadas. El conocimiento del sonido y el permanecer alerta a él, la capacidad de discriminar entre varios sonidos e identificarlos, el escuchar selectivamente sonidos particulares, el reconocer modelos de sonidos, y el determinar de dónde proviene un sonido, todo ello cumple importantes funciones.

Los niños necesitan desarrollar su capacidad de escuchar, y algunas actividades motrices pueden ayudarles.

Si este campo le interesa particularmente, vea el índice para mayor información.

CUERVOS Y CULEBRAS

Divida a los niños en dos grupos (no hacen falta equipos iguales). Forman dos hileras, una frente a otra. Una hilera se designa como "cuervos", y la otra como "culebras". El maestro anuncia lentamente: "cu... ervos" o "cu... lebras". Los de la hilera designada son los perseguidores, y los otros tratan de evitar ser atrapados, yéndose a un área de seguridad designada (por lo general detrás de una raya atrás de ellos). Todos los que son atrapados se unen al otro equipo, y el juego prosigue.

DESARROLLO PERCEPTIVO MOTOR: decodificación auditiva (discriminando sonidos para seleccionar una respuesta física apropiada); control corporal bajo tensión (véase las variantes auditivas y visuales adicionales)

CAPACIDAD DE ATENCIÓN Y CONCENTRACIÓN: incertidumbre y necesidad de interpretar información importante

CAPACIDAD DE DISCRIMINACIÓN AUDITIVA para reconocer las diferencias entre modelos de sonidos similares

DESCARGA DE LA TENSIÓN Y DEL EXCESO DE ENERGÍA al excitarse y correr; risas

AUTOCONTROL: rápida toma de decisiones y diferentes niveles de excitación; numerosas pruebas que permiten tener práctica

DESARROLLO DE LOS PROCESOS DEL PENSAMIENTO al interpretar la información lo más rápidamente posible y tomar una o dos decisiones posibles (elección limitada)

DESARROLLO SOCIAL al pertenecer a un equipo mínimamente organizado; tener cuidado de no empujar a otro al tocarlo; volverse un miembro "capturado" del otro equipo (a veces es divertido ser solicitado, incluso a bajos niveles)

CAPACIDADES FÍSICAS que pueden reducir el tiempo de reacción; control corporal

COMENTARIOS Y SUGERENCIAS

Dos modos de dividir al grupo rápidamente en dos son 1) que cada quien atrape a otro, yéndose cada uno a una hilera. Podrá incluso practicar esta técnica con los alumnos como un juego: ¿se forman grupos **iguales**?, ¿qué tan rápido? ¿Preferiría poner el énfasis en el resultado y no en quién elige a quién?; 2) que los niños se cuenten de dos en dos, yéndose unos a una hilera y sus parejas a la otra. Haga que los participantes levanten uno o dos dedos al ser numerados, en caso de que pudieran olvidar el número. Si se necesitan hacer rayas, utilice (cinta adhesiva) sobre el suelo. Una actividad para el fin del día sería: "¿Qué tan bien podemos quitar la cinta adhesiva?" Por lo general, la cinta se adhiere bien.

Designe claramente un área de seguridad (no utilice una pared si los niños son susceptibles de chocar con ella y lastimarse).

Decir muy lentamente la palabra completa aumentará el suspenso.

Incluya además otras palabras con las cuales nadie se mueve: cuerda, curva, cuerpo, curso, etc.

Si uno de los equipos es muy pequeño, que sean los per-

seguidores dos veces seguidas, lo que les dará la oportunidad de aumentar el tamaño del equipo.

En el exterior, será mejor el césped que una superficie
dura; las condiciones del tiempo también representarán diferencias.

Que los niños se toquen unos a otros por debajo de la
cintura para evitar caídas.

VARIANTES

Este juego se puede jugar en un espacio reducido o con
los alumnos sentados unos frente a otros. Disponga a los
participantes de tal manera que un simple paso hacia atrás
los ponga fuera del alcance del que los va a atrapar. Los
jugadores deben pensar y reaccionar muy rápidamente para
evitar ser atrapados o para tocar a otro. Esta versión también se utiliza antes de la versión más activa.

Este es un buen juego para jugar en un patio de recreo.
Fuera los niños tienen que escuchar incluso más atentamente. El espacio en que se corre no debe ser demasiado
grande, ya que aumentaría los incidentes y reduciría el número de llamadas.

Cambie las llamadas para satisfacer otras necesidades
de discriminación auditiva, p. ej., sonidos ch-sh, palabras
que empiecen con p o b, etc.

Modifique el juego para mejorar otras habilidades; por
ejemplo, problemas de aritmética sobre pares e impares.

Este juego se podría hacer orientándolo hacia lo visual
y así incluiría a niños sordos, dando una señal que sea vista
en lugar de oída, como con un cojín con un color diferente en cada cara. El lado que cae arriba determina quiénes son
los perseguidores. Véase "León, cazador, fusil".

SUENA COMO...

Un voluntario se pone de pie para que todos puedan verlo y pone en acción un verbo que termine en —ando o iendo— (como golpeando, bailando, enraizando, agachándose, etc.). Los demás tratan de identificar la acción. Si uno cree tener la respuesta, se acerca al niño que está actuando y se lo murmura al oído. Si la respuesta es correcta, se une al niño que actúa e interpretan otra palabra que suena parecido a la inicial. Cada nueva pista debe ayudar a los demás a encontrar la palabra original. Cuando uno cree saber la palabra, la susurra al oído del primer niño. Si se equivoca puede juntar más pistas y probar de nuevo. Al final, todos o casi todos estarán actuando.

CAPACIDAD DE ATENCIÓN Y CONCENTRACIÓN: resolución de problemas; ayuda el añadir periódicamente nuevas pistas

CAPACIDAD DE DISCRIMINACIÓN AUDITIVA: reconocimiento de modelos y discriminación entre varios sonidos; similitud y diferencias entre las palabras que suenan de forma parecida

DESCARGA DE LA TENSIÓN Y DEL EXCESO DE ENERGÍA: cambio de ritmo

DESARROLLO DE LOS PROCESOS DEL PENSAMIENTO: utilización de pistas para interpretar y tomar decisiones (la adivinanza inteligente)

REFORZAMIENTO DE LA INFORMACIÓN APRENDIDA se puede utilizar conjuntamente al aprender a analizar sonidos, palabras y significados

DESARROLLO SOCIAL: contribuir; arriesgarse; implicación activa

COMENTARIOS Y SUGERENCIAS

Si cree que sus alumnos necesitarán ayuda para entender el juego, utilice uno preliminar que consiste en dar una palabra donde el grupo trata de ver cuántas palabras que "suenen parecido" logran enumerar.

Al final de una secuencia, pedirle al grupo que trate de

adivinar lo que algunos de los actuantes estaban haciendo. Si encuentra que algunos chicos tienen mucha dificultad, les preguntará tranquilamente lo que creen que estén haciendo los diferentes actores. El que los niños estén involucrados, le permite tener tiempo para observar y prestar una atención individual.

VARIANTES

El maestro dice una palabra y todos tratan de encontrar una que suene parecido. Tan pronto como un alumno cree tener una, empieza a actuar. Cuando ya la han adivinado, se comprueba el sonido de la palabra con la inicial.

¿DÓNDE ESTÁ?

Los niños forman una rueda. Se va pasando alrededor del círculo un recipiente con un objeto que suene dentro. La dirección de los pases será cambiada en cualquier momento a discreción de los jugadores. Cuando tengan algo de práctica en pasar el objeto, cierran los ojos y siguen jugando. A la señal del conductor, todos deben detenerse. Se les pide que pongan las manos lentamente detrás de la espalda. Cuando el maestro manda que abran los ojos, manteniendo una mano detrás de la espalda, los alumnos indicarán su deseo de adivinar dónde está el objeto levantando la otra mano. El conductor selecciona a los que van a adivinar y si no se adivina la localización en tres intentos, se revela el objeto y el juego continúa.

DESARROLLO PERCEPTIVO MOTOR: discriminación direccional; relaciones y espaciales
CAPACIDAD DE ATENCIÓN Y CONCENTRACIÓN por los ojos cerrados; búsqueda de pistas; recepción del objeto
CAPACIDAD DE DISCRIMINACIÓN AUDITIVA: determinar la dirección de la que proviene un sonido

AUTOCONTROL: interpretar correctamente el propio entorno

DESARROLLO SOCIAL: ser honesto y ser confiable (no hacer trampa espiando)

COMENTARIOS Y SUGERENCIAS

El jugador que tiene el objeto o los que lo acaban de pasar pueden decir que es otro para confundir al grupo.

Si el ruido no es lo suficientemente fuerte, pídale a cada jugador que dé vueltas al recipiente al pasarlo.

Véase "Detective".

VARIANTES

Después de la voz de "pararse", el objeto será pasado **silenciosamente** dos veces o más mientras que el conductor cuenta 1-2, etc. Los jugadores tratan de no hacer sonar el objeto durante estos pases.

En lugar de utilizar la "sonaja", cada jugador dirá suavemente "bip" al pasar el objeto.

Puede haber más de un círculo.

Al pasar dos objetos, el grupo debe encontrar ambos.

SONIDOS Y MOVIMIENTOS

Se combinan con sonidos específicos, amplios movimientos sin desplazamiento, cómo saltar sobre un pie, marcar el paso, dar palmadas, saltar con los dos pies, hacer amplios círculos hacia atrás con los brazos, darse palmadas en los muslos, rotar la cabeza (en ambas direcciones), hacer círculos con los hombros (en ambas direcciones).

Ejemplos (éstos pueden ser difíciles):

tambor	tren	pájaro carpintero
cucharas	autobús	mirlo

palillos	barco de motor	rana
campana	gato	grillo
coche	violín	

Cuando los alumnos oyen un sonido, tratan de responder con el movimiento correspondiente. Por ejemplo, si la campana se ha combinado con el marcar el paso, deberán hacerlo al sonar la campana. Al parar la campana, se detienen los niños. Al oir el siguiente sonido, se mueven según el movimiento correspondiente.

CAPACIDAD DE ATENCIÓN Y CONCENTRACIÓN: reto (difícil para algunos) de oir y hacer (si alguien no puede captar las pistas inmediatamente al oir el sonido, puede moverse a partir de la información visual tomada de los demás; así aceptará el reto a más de un nivel)
CAPACIDAD DE DISCRIMINACIÓN AUDITIVA como base de la actividad
DESCARGA DE LA TENSIÓN Y DEL EXCESO DE ENERGÍA que permite optar por participar a diferentes niveles; respeta e impulsa a la superación
AUTOCONTROL al tomar decisiones para sí mismo (elección personal)
DESARROLLO DE LOS PROCESOS DEL PENSAMIENTO: memoria; reconocimiento de sonidos
APTITUD FÍSICA según la selección hecha por el maestro

COMENTARIOS Y SUGERENCIAS

Si el ambiente conduce a una elección dentro de la capacidad del alumno, y si nosotros, en tanto que maestros, podemos ser pacientes, los niños buscarán el desarrollo y la superación (progresivamente) a su nivel. Si un alumno no está atento o está fuera de control, la causa será por factores que estén más allá de la situación inmediata o la situación puede ser amenazante más que estimulante. (Un ambiente amenazante es aquél en que la persona no tiene posibilidad de elección para lograr el éxito.) Habrá que comenzar con menos de cinco sonidos y posiblemente añadir más después.

Hacer que los niños respondan con movimientos les permite aprender unos de otros y le facilita a usted comprobar que sus respuestas son correctas, así como observar su funcionamiento.

Al principio será útil dar pistas para los movimientos (mediante dibujos, fotos, etc.), en algún sitio donde los niños podrán verificarlos. Conviene que ensayen primero el movimiento que va con cada sonido.

VARIANTES

Cuando los alumnos ya hayan aprendido las bases de la actividad y empiecen a familiarizarse con el sonido que corresponde a cada movimiento, añadir más estímulo invitándolos a cerrar los ojos cada vez que puedan, confiando así sólo en sí mismos y en sus oídos. Al principio algunos necesitarán mantener los ojos abiertos todo el tiempo o buena parte de él, pero obsérvelos a lo largo de varias sesiones para anotar su progreso. Los sonidos se pueden utilizar también para indicar la dirección en que se han de mover los niños (p. ej., gato, a la izquierda; cucharas, a la derecha). Los ojos estarán abiertos en esta versión y los niños deberán haber alcanzado un nivel bastante avanzado, ya que los errores son más serios (posiblemente choquen unos con otros).

Se pueden utilizar pistas visuales en lugar de auditivas. Cree su propia versión de esta actividad.

TIGRE, TIGRE, ¿DÓNDE ESTÁS?

El maestro les pide a cuatro alumnos que le ayuden haciendo de tigres. Los tigres se sitúan en función de la habilidad del grupo participante (puede requerir de algo de experimentación, en los grupos más hábiles se pondrán los tigres más cerca uno del otro. Todos los demás cierran los ojos.

El conductor señala a un tigre, que se pone a rugir. Entonces, pregunta el maestro: "Tigre, tigre, ¿dónde estás?" Todos los niños (que tienen los ojos cerrados) señalan la dirección de donde creen que proviene el rugido y dicen: "Tigre, tigre, ahí estás". Abren los ojos y el tigre que rugió levanta la mano. Se repite el proceso.

DESARROLLO PERCEPTIVO MOTOR: discriminación direccional del sonido
DISCRIMINACIÓN AUDITIVA al determinar el origen del sonido localizando la dirección de dónde proviene

COMENTARIOS Y SUGERENCIAS

Esta será una buena oportunidad para buscar posibles dificultades auditivas.

Asegúrese de cambiar los tigres para que todos participen en el aspecto auditivo de la actividad. Si están en un lugar donde el ruido excesivo no molesta a nadie, puede permitirle a todo el grupo que se haga oir para escoger los tigres. Que todos los niños rujan al mismo tiempo (esto siempre suelta un poco de tensión). Puede provocarlos un poco si lo desea, diciéndoles que tendrán que hacerlo mejor si tiene que elegir un buen tigre entre ellos. Haga que un grupo ruja en contra del otro.

VARIANTES

Que los alumnos maullen muy suavemente: este sonido es difícil de localizar.

Que los tigres cambien de lugar después de que los demás cierren los ojos.

Utilice sólo un tigre, que se va moviendo a través del salón lo más silenciosamente posible (sin rugir). Cuando los niños crean oirlo rondando, acusan: "Tigre, tigre, ahí estás", señalando esa dirección. El tigre se inmoviliza y el grupo comprueba su exactitud. Se elige a un nuevo tigre.

Si varios alumnos descubren al tigre rondando, seleccionarán a más de un tigre rondador para el turno siguiente. Los tigres que no han sido descubiertos en un turno seguirán rondando durante el siguiente (Tigres rondadores).

NOMBRES Y GESTOS

Cada participante prepara movimientos amplios para representar su nombre. Cada sílaba del nombre y del apellido tiene un movimiento diferente (aunque un movimiento ya utilizado se permite repetir). El primer niño empieza: "Hola, soy **Jorge Jiménez.**" El resto del grupo contesta, haciendo todos los mismos movimientos: "Hola, **Jorge Jiménez.**" Lo más rápidamente posible, sigue el turno del siguiente niño, y así sucesivamente.

DESARROLLO PERCEPTIVO MOTOR: planeación motriz para imitar un modelo audiovisual; asimilar dos informaciones sensoriales interrelacionadas y simultáneas

CAPACIDAD DE ATENCIÓN Y CONCENTRACIÓN: aprender a estar atento a una presentación audiovisual **disponible sólo por un tiempo breve**; retroalimentación inmediata y oportunidad (a la siguiente llamada) de recobrar la atención

DISCRIMINACIÓN AUDITIVA: combinar lo auditivo con lo visual y reproducir ambos

DESCARGA DE LA TENSIÓN Y DEL EXCESO DE ENERGÍA: involucrarse; moverse

DESARROLLO DE LOS PROCESOS DEL PENSAMIENTO: observación detenida; utilización simultánea de información auditiva y visual; memoria (a corto y largo plazo)

REFORZAMIENTO DE LA INFORMACIÓN APRENDIDA: silabeo

DESARROLLO SOCIAL: identidad; oportunidad de conducir y dirigir al grupo; escuchar atentamente a otro

COMENTARIOS Y SUGERENCIAS

Este tipo de actividad es útil cuando un nuevo alumno se integra al grupo, así como para aprender o repasar los nombres de los niños.

Será bueno pedir voluntarios para empezar.

VARIANTES

Con algunos grupos emplear sólo los nombres de pila.

Con un grupo grande, ensayar unos cuantos nombres cada día, repitiendo algunos de los que ya se han ensayado. Esta puede ser una actividad diaria para reducir la agitación. El repasar sólo unos nombres por día les dará a algunos mayor oportunidad de pensar lo que les gustaría hacer.

Haga una prueba después de que los niños hayan dado sus nombres y movimientos. Cuando usted ponga la mano sobre la cabeza de alguien, tantos como puedan deben contestar con el nombre de esa persona y el movimiento correspondiente. Con algunos grupos darles diez segundos para decidir en grupo. Luego, a la señal del maestro, todos dicen el nombre y hacen el movimiento apropiado.

VUELTAS

El grupo está de pie y de frente. El maestro da una señal para las vueltas (p. ej., un cuarto de vuelta a la derecha; media vuelta a la izquierda; vuelta completa; etc.) y el grupo trata de responder lo más rápidamente posible.

DESARROLLO PERCEPTIVO MOTOR: discriminación entre izquierda y derecha; habilidad para moverse y pararse rápidamente (control corporal); calcular la distancia para dar la vuelta

CAPACIDAD DE ATENCIÓN Y CONCENTRACIÓN: ritmo; involucrarse constantemente; incertidumbre de lo que va a suceder; se necesita a los individuos para la eficacia del grupo

CAPACIDAD DE DISCRIMINACIÓN AUDITIVA: toda la información recibida es auditiva

DESCARGA DE LA TENSIÓN Y DEL EXCESO DE ENERGÍA: implicación; movimiento; cambio de ritmo y de la rutina

AUTOCONTROL: capacidad de seguir instrucciones; ver la eficacia de la unidad del grupo

DESARROLLO DE LOS PROCESOS DEL PENSAMIENTO: habilidad para escuchar, interpretar y responder; alerta mental sobre un período de tiempo

DESARROLLO SOCIAL al trabajar juntos para el funcionamiento armonioso del grupo; sentimiento de pertenecer

CAPACIDADES FÍSICAS: girar, control corporal

COMENTARIOS Y SUGERENCIAS

Este tipo de actividad puede ayudar a incrementar la unidad del grupo, en función del acercamiento del conductor y su actitud.

VARIANTES

Esta actividad se puede convertir en un juego llamado "Roña de avenidas y calles". Se seleccionan "el que la trae", un corredor y un llamador de señales. Todos los demás jugadores forman hileras y filas, es decir, están unos al lado de otros (hileras), y a la vez, unos delante de otros (filas). Todos levantan los brazos y toman distancias para tocarse con la punta de los dedos (para distanciar bien las hileras. Entonces se ordena un cuarto de vuelta a la derecha, y se hace de nuevo la prueba de la punta de los dedos (para distanciarse las filas). A la llamada de "calles", los niños tendrán que dar un cuarto de vuelta a la derecha; la llamada de "avenidas" significa un cuarto de vuelta a la izquierda. Los jugadores permanecen con los brazos alzados para que el corredor y "el que la trae" tengan vías libres y barreras. "El que la trae" no debe atravesar una barrera para atrapar al que corre. El que anuncia las señales efectuará un cambio en cualquier momento en que lo decida.

4

Descarga de la tensión y del exceso de energía

Los niños acumulan tensiones igual que los adultos, aunque tienden a reducirlas naturalmente a través del movimiento y el juego. Muchas veces se les exige que estén quietos más allá de su capacidad de aguante y cuando esto ocurre, tanto la tensión como el exceso de energía se acrecentan, lo que conduce a la agitación y a la falta de atención; eso puede llevar a una tensión innecesaria entre el adulto y el niño.

Es más efectivo tratar directamente con la causa (la necesidad de moverse) que con la conducta consiguiente. Si puede involucrar a los pequeños en actividades breves pero agradables que les permitan patalear, estirarse, y/o moverse con vigor, se encontrará con que todos tienen un humor más agradable, incluyéndose a usted mismo.

Para mayor información para elegir actividades que cubran esta necesidad, véase el índice.

GELATINA

Pregúnteles a los alumnos: "¿Han visto alguna vez cómo se sacude la gelatina?" No se mueve como ninguna otra cosa en el mundo. La mermelada no se tambalea así, ni tampoco el flan.

¿Pueden moverse como la gelatina? ¿Hacer temblequear sus hombros como gelatina? Inténtelo. ¿Pueden dejar los brazos fláccidos para que se meneen como la gelatina? Al tiempo que están meneando los brazos y los hombros, ¿pueden empezar a mover las caderas? ¿Dejar las rodillas fláccidas? ¿Está su cabeza cómoda y floja? ¿Pueden tambalearse muy, muy lentamente hasta moverse en cámara lenta? Un movimiento **amplio** y **lento**. ¿Se está moviendo todo su cuerpo? ¿Pueden bambolearse hacia adelante y hacia atrás? ¿tambalearse en círculo? ¿Pueden hacerlo en la dirección contraria? ¿Hacerlo incluyendo movimientos hacia arriba y hacia abajo? ¿Se **sienten** relajados? ¿Pueden bambolearse junto con un amigo? ¿Tal vez podríamos inventar un nuevo baile y llamarlo 'Gelatina' ¿Creen que le podríamos poner música?"

DESARROLLO PERCEPTIVO MOTOR: concepto corporal; imagen corporal; coordinación y control

CAPACIDAD DE ATENCIÓN Y CONCENTRACIÓN: diversión; imitación; estímulo; involucración personal

PERCEPCIÓN AUDITIVA: serie de preguntas verbales; enumeración prolongada

DESCARGA DE LA TENSIÓN Y DEL EXCESO DE ENERGÍA: se aflojan en los puntos de tensión (igual que los corredores sacuden los brazos y las manos antes de la carrera)

AUTOCONTROL: mover y coordinar todas las partes del cuerpo

DESARROLLO DE LOS PROCESOS DEL PENSAMIENTO: controlar a conciencia una parte aislada del cuerpo de una manera específica; traducir problemas en soluciones

CAPACIDAD FÍSICA: perfeccionamiento del control físico

COMENTARIOS Y SUGERENCIAS

Parece ser que al reducir la tensión y el stress, el autocontrol aumenta o se vuelve más fácil.

Si tiene el don de contar historias, invente la propia o tal vez deje a los alumnos intentarlo.

Sería interesante saber si al preguntar "¿Pueden...? e involucrarlos, mejora la capacidad de atención y la concentración generales de los alumnos y si propicia mayor capacidad de percepción auditiva.

Podría ser divertido hacer gelatina conjuntamente con esta actividad.

El ritmo lento es un aspecto importante del movimiento de exploración. Haga pausas para permitirles a los pequeños que ensayen cada movimiento.

Recuerde que no hay respuestas buenas ni malas en este tipo de actividad. El intento es el aspecto importante.

VARIANTES

Si los niños parecen vacilantes, tímidos, o distraídos por los demás, haga que realicen esta actividad con los ojos cerrados.

Puede combinar "El juego del espejo" y "Gelatina" en cámara lenta.

SOY UN GLOBO

Pídales a los pequeños que se sacudan para aflojarse y que se relajen lo más posible. Dígales: "Eres un gran globo sin aire. ¿Puedes quedarte totalmente vacío? Ahora, al oir el sonido "shhh", tendrás que llenarte lentamente de aire. Algunos de ustedes se llenarán totalmente mientras que otros podrán llenar sólo un brazo o una pierna a la vez. Intentémoslo. Shhh... sh... sh... sh... shhhh".

Deles tiempo y permítales a los niños que se esfuercen realmente por llenarse lentamente de aire Luego diga: "Ahora ustedes se están poniendo lo más llenos que pueden. Shhhhh... ¿Están llenos sus pulmones? ¿Se sienten lo más grandes que pueden ser? ¡Oh!, se les ha hecho un agujerito, ssss... ¿Están empezando a vaciarse? ssssss... ssssss... sss... ¿Y están cerca de desplomarse? ¿Se sienten **totalmente** flojos y vacíos? ¿Sienten la cabeza pesada? ¿Sus brazos y piernas están totalmente relajados? ¿Se está hundiendo su cuerpo en el suelo (en la silla)? Eh, les ponen un parche. Ahora les van a volver a poner aire". Prosiga a partir de ahí.

DESARROLLO PERCEPTIVO MOTOR: conocimiento corporal; imagen corporal; control corporal

CAPACIDAD DE ATENCIÓN Y CONCENTRACIÓN breve, divertido y envolvente; fantasía

PERCEPCIÓN AUDITIVA como base de la acción y de la participación; anticipación

DESCARGA DE LA TENSIÓN Y DEL EXCESO DE ENERGÍA: respiración profunda; extensión de muchas partes del cuerpo; relajación

AUTOCONTROL: controlar el cuerpo (hincharse hasta sentir la sensación de estar lleno y luego vaciarse); cambio de ánimo (fantaseando); seguir las directivas

DESARROLLO DE LOS PROCESOS DEL PENSAMIENTO: fantasear, personificar, traducir; pensar en globos; aprender a estirar el propio cuerpo

REFORZAMIENTO DE LA INFORMACIÓN APRENDIDA: se puede relacionar con el estudio del aire

DESARROLLO SOCIAL: trabajar solo e independientemente; no molestar a otro; ser responsable de no chocar con los demás

CAPACIDAD FÍSICA: control corporal

COMENTARIOS Y SUGERENCIAS

Será divertido tener un globo en la mano.

Esta actividad puede realizarse de pie o sentado.

Camine entre los alumnos levantando un brazo aquí o allá para ver si pueden realmente aflojarse. Algunos no podrán y habrán de participar en otras actividades que les permitan aprender (véase "Gelatina", "Dormir de mentiritas" y "Muñeco de trapo".)

Este juego podría utilizarse al mismo tiempo que los alumnos aprenden sobre los elementos. También puede incluir "El juego del plato de cartón".

"Soy un globo" se presta bien como actividad en un hospital infantil o centro de rehabilitación para calmar a los niños excitados y relajar a los tensos y nerviosos.

VARIANTES

Si hay mucho espacio, infle un globo y déjelo ir. Se disparará por todo el salón y los niños podrán simular esa acción. Asegúrese de que son conscientes de su responsabilidad de "no chocar". ("Entrecruzado" podría ser una buena actividad preliminar. Haga también que los alumnos sean globos pequeños que son ponchados por un alfiler. Aquí podrían aprender a desinflarse y relajarse rápida pero **suavemente.**

Puede contar un cuento de un globo y el tiempo... atrapado en ráfagas de viento... golpeado por gotas de lluvia... flotando libremente al sol...

JUEGO PARA ESTIRARSE

La canción infantil, "El patio de mi casa", se puede adaptar para acompañar los movimientos de estirarse. Se sugiere lo siguiente:

A estirar los brazos,
vamos a jugar;
primero los estiro
y luego, a descansar

Estírate y vuélvete a estirar,
los niños bonitos se vuelven a estirar.
Chocolate, molinillo,
estirar, estirar,
y volvemos a empezar.

Se repite el canto empleando las piernas, el tronco, el cuello, etc.

DESARROLLO PERCEPTIVO MOTOR: conocimiento corporal; imagen corporal

CAPACIDAD DE ATENCIÓN Y CONCENTRACIÓN: música; cambios; implicación activa; oportunidad de contribuir; trabajar al unísono

PERCEPCIÓN AUDITIVA: escuchar las pistas

DESCARGA DE LA TENSIÓN Y DEL EXCESO DE ENERGÍA: extensión; cambio de ritmo

AUTOCONTROL: oportunidad de moverse para reducir la agitación

DESARROLLO SOCIAL al trabajar al unísono con un grupo; no estirarse dentro del espacio de otro (espacio personal); sentimiento de pertenecer

APTITUD FÍSICA: mayor amplitud de movimientos al estirarse y rotar las articulaciones

COMENTARIOS Y SUGERENCIAS

Las partes del cuerpo se deben rotar.

Estos movimientos se realizan sentado o de pie.

Una vez que los niños han entendido el patrón de base, les gusta seleccionar las partes del cuerpo que quieren estirar.

Este ejercicio divierte a aquellos que están aprendiendo a identificar las partes del cuerpo.

Una amiga mía utiliza esta actividad al ayudar a una niña con profundo retraso a hacer sus movimientos diarios de extensión. Canta la canción muy lentamente, masajeando las partes del cuerpo al nombrarlas y antes de estirarlas. Las niña parece apreciar la combinación de la canción, del contacto y del movimiento, y gracias a ello, se integra un poco más.

Este juego da buen resultado en un hospital infantil. Recuerde que los niños agitados están tratando de **limitar** sus movimientos. Periódicamente necesitan un ejercicio como éste, para satisfacer sus necesidad de moverse.

VARIANTES

Los niños podrían añadir una rotación del cuello en la dirección del reloj y luego en sentido contrario. Si están de pie, una rotación de las caderas en el sentido del reloj y a contra reloj es una buena variación.

VAMOS A CAZAR UN LEÓN

El maestro cuenta una historia de acción en la que cada línea es repetida por los alumnos. Por ejemplo:

Palabras: "¡Vamos a cazar un león!" (los niños repiten). "¿Listos? ¡Vámonos!" (los niños repiten)

Acción: Se golpean los muslos alternadamente con la mano opuesta. (Esta acción se prosigue a lo largo de toda la historia excepto cuando se utilizan otros movimientos.)

La historia puede contener toda clase de posibilidades:

- nadar en un río
- desplazarse a través de un pantano
- deslizarse silenciosamente delante de un rinoceronte dormido, una serpiente, o algún otro animal
- subirse a un árbol
- quitar el sudor de la frente
- ser perseguido por ———. (rápida inversión de las acciones previas).

Cada nueva parte de la historia debe comprender una acción apropiada y divertida.

CAPACIDAD DE ATENCIÓN Y CONCENTRACIÓN: fantaseo; trabajo en unísono; tal vez contribuir

PERCEPCIÓN AUDITIVA: excitación; anticipación; dramatización; repuesta en coro

DESCARGA DE LA TENSIÓN Y DEL EXCESO DE ENERGÍA: cambio de ritmo; excitación y suspenso creados, especialmente al final, en que se invierten todas las acciones previas (basadas en una persecución); similar a una montaña rusa; comienzo a un ritmo lento, anticipación, suspenso, y emoción final (que le deja al niño la sensación positiva de alivio y libertad)

APTITUD FÍSICA: movimientos cruzados

AUTOCONTROL al trabajar al unísono al tiempo que se divierten; cambio de estado de ánimo; relajación de la tensión; enfrentarse con el miedo de una manera segura y creativa

DESARROLLO DE LOS PROCESOS DEL PENSAMIENTO:

imaginación; invención de historias; memoria (al invertir la secuencia de la historia) bajo presión

DESARROLLO SOCIAL al ser parte de un todo que funciona; oportunidad de contribuir; divertirse con otros

COMENTARIOS Y SUGERENCIAS

Esta actividad se realiza sentados o de pie.

Una vez que los niños se hayan familiarizado con la forma básica, dejar que creen nuevas historias y acciones.

Si su grupo aprecia especialmente este juego, se puede utilizar eficazmente para un cambio de actividad, haciéndola tan larga o tan corta como usted lo desee. Puede incluso desafiar a los niños a que creen una historia que los lleve justo hasta la hora de recreo. Cuando pruebe por primera vez esta actividad, cuide de no alargarlo demasiado.

Esta actividad podría ser utilizada con niños que tienen limitaciones en los movimientos, p. ej., que tienen parálisis cerebral.

VARIANTES

Invente diferentes historias y acciones.

Si los niños han visitado un zoológico, un parque de atracciones, un museo, etc., una historia de acción puede ser una buena forma de recordar lo que han visto.

JICOTILLO

Los niños se paran rápidamente por parejas espalda contra espalda y cogidos de los codos. A la llamada "jicotillo", todos se precipitan a buscar una nueva pareja y se cogen de nuevo de los codos, tratando de no ser el último.

DESARROLLO PERCEPTIVO MOTOR: conocimiento corporal; imagen corporal; conocimiento espacial

CAPACIDAD DE ATENCIÓN Y CONCENTRACIÓN: excitación; acción rápida; cambios frecuentes; necesidad de estar alerta; estímulo; sencilla toma de decisión; interacción social

PERCEPCIÓN AUDITIVA: escuchar atentamente el nuevo estímulo; enfrentarse a un alto nivel de ruido, al propio nivel emocional, a los cambios rápidos y a un involucramiento físico activo

DESCARGA DE LA TENSIÓN Y DEL EXCESO DE ENERGÍA: acción rápida y vigorosa; alto nivel de estímulo

AUTOCONTROL: requiere el control corporal con un alto nivel de excitación; práctica de funcionar eficazmente en circunstancias difíciles

DESARROLLO DE LOS PROCESOS DEL PENSAMIENTO: decisiones múltiples y sencillas; habilidad de cambiar rápidamente de idea

DESARROLLO SOCIAL: mucha interacción social (por los cambios rápidos de pareja y la posición de espalda contra espalda, los jugadores no tienen tiempo para buscar a sus amigos, lo que significa que los niños tímidos o menos populares no son susceptibles de ser dejados o elegidos al último)

CAPACIDADES FÍSICAS: agilidad; control corporal

APTITUD FÍSICA: tal vez extensión de los músculos pectorales

COMENTARIOS Y SUGERENCIAS

Con esta actividad se reducen las posibilidades de "no ser elegido". Debemos sensibilizarnos a los efectos que suelen tener sobre los niños varios aspectos de los juegos y actividades y seleccionarlos y modificarlos adecuadamente.

Si el grupo es de un número impar, pídale a un niño que dé la señal y trate inmediatamente de encontrar una pareja.

Es más sensato no enfatizar quién es el último. No es necesario por lo general y suele ser embarazoso para algunos. El aprendizaje se da en el intento y la participación.

Este será un buen momento para observar. ¿Cuál es la interacción social de su grupo? ¿Tiene algún niño dificultades con esta actividad? ¿Por qué?

VARIANTES

El conductor da órdenes tales como "rodilla con rodilla", "palma derecha con palma derecha", "oreja izquierda con rodilla derecha", etc., mientras que los jugadores tratan de seguir las órdenes lo más rápidamente posible. A la llamada "jicotillo", todo el mundo cambia de pareja y empiezan de nuevo a seguir las órdenes.

Adecúe el grado de sencillez o de complejidad de esta actividad a su grupo. (Véase la foto al principio del capítulo 3.)

OREJITA Y NARIZ

Los niños se sujetan la nariz con una mano al tiempo que con la otra dan la vuelta para agarrarse la oreja opuesta. A la señal, deben descruzar los brazos e invertir la posición.

DESARROLLO PERCEPTIVO MOTOR: conocimiento corporal; imagen corporal (partes y posiciones); lateralidad; capacidad de ajustar sus movimientos (coordinación); praxia

CAPACIDAD DE ATENCIÓN Y CONCENTRACIÓN como base de la actividad, pero sólo brevemente

DESCARGA DE LA TENSIÓN Y DEL EXCESO DE ENERGÍA: concentra toda la atención; brevedad; cambio de ritmo; bajo nivel de excitación; risas

AUTOCONTROL: control físico y emocional; resolución de problemas (tener un plan y atacar un problema a la vez)

DESARROLLO DE LOS PROCESOS DEL PENSAMIENTO: resolución de problemas; aprender a pensar bajo tensión

REFORZAMIENTO DE LA INFORMACIÓN APRENDIDA: técnicas para resolver problemas (explicadas por el maestro o aprendidas de la experiencia y de la observación personal)

DESARROLLO SOCIAL: compartir ideas

APTITUD FÍSICA: coordinación bajo tensión; movimientos cruzados

COMENTARIOS Y SUGERENCIAS

Estos juegos rápidos de coordinación son divertidos y pueden ser aprovechados en formas creativas, como en viajes en automóvil, durante el recreo, al esperar en una cola, etcétera.

Los niños podrían sugerir formas de ayudarse unos a otros, para que todos puedan realizar la actividad. Que los niños se ayuden unos a otros los estimula a aprender sobre praxia, a expresar una idea y a compartir.

Una habilidad importante que por lo general se desarrolla con el tiempo es la de mover primero una mano y luego la otra, o "resolver un problema a la vez".

Las actividades motrices ayudan a reducir las tensiones acumuladas al involucrar a los participantes tan totalmente en el juego que olvidan los factores de tensión. El movimiento también alivia la tensión muscular al estirar las zonas tensas y restaurar la circulación. Una actividad como ésta o como la de "Acitrón" puede ser una buena manera de iniciar una sesión de resolución de problemas.

VARIANTES

En vez de que siempre pase frente a la cara, haga que la mano que agarra la oreja pase por detrás de la cabeza. Alternar.

Frotarse el estómago y golpearse la cabeza (y la inversa) es una antigua versión de este tipo de actividad (acción continua).

Los jugadores muy hábiles pueden hacer tres movimientos diferentes a la vez.

Los niños podrán proponer excelentes sugerencias.

JUEGO DE MANOS EN EQUIPO

El maestro le lanza un objeto a un jugador. Esta persona lo lanza a otra, y así sucesivamente, hasta que todos hayan recibido el objeto. Cada quien debe acordarse de lanzarlo siempre a la **misma** persona. Entonces el conductor manda de nuevo el objeto, pero además (después de esperar unos segundos), manda otro objeto, luego otro, y así. Vea con cuántos objetos a la vez puede jugar el equipo (vea las sugerencias sobre lo que se debe destacar).

DESARROLLO PERCEPTIVO MOTOR: rastreo visual; conocimiento espacial; manipulación de objetos; relaciones espaciales; figura y fondo visuales; percepción apropiada bajo presión
CAPACIDAD DE ATENCIÓN Y CONCENTRACIÓN: práctica en mantener la atención y la concentración con muchos estímulos extraños con un alto nivel de excitación y jugando un doble papel
DESCARGA DE LA TENSIÓN Y DEL EXCESO DE ENERGÍA: excitación; involucramiento intenso; concentración de la atención; éxito; los fallos son aceptados; algunas risas (aunque la tensión alcanza muchas veces niveles muy altos)
AUTOCONTROL: práctica bajo tensión; retroalimentación inmediata
DESARROLLO DE LOS PROCESOS DEL PENSAMIENTO: jugar un papel doble (la atención debe ser dirigida a recibir el objeto, luego se centra en pasarlo e inmediatamente de nuevo en recibirlo); deshacerse de la información irrelevante
DESARROLLO SOCIAL: trabajo en equipo; cooperación; consideración hacia los demás
APTITUD FÍSICA: coordinación visual manual; práctica de lanzar y atrapar (seguimiento y absorción de fuerza); capacidad de funcionar físicamente bajo presión

COMENTARIOS Y SUGERENCIAS

Las pelotas de estambre, de papel arrugado, hechas con calcetines, etc., son buenas para utilizar, ya que son blandas, seguras y no causan daños si se falla (véase "cómo hacer material a bajo o ningún costo").

Para que esta actividad se realice armoniosamente y sea lo más benéfica posible, enfatice cada uno de los aspectos siguientes:

- lanzar directamente al blanco
- ayudar al que recibe la pelota a que la atrape bien
- tener la atención del que recibe **antes** de lanzar
- estar dispuesto a recibir; tan pronto como has lanzado vuelve tu atención hacia el que te va a lanzar
- "absorbe" la pelota (agarrándola y manteniéndola contra el cuerpo) para que no rebote
- la cooperación y la superación en equipo son lo más significativo.

Tal vez desee ver si puede mejorar el récord del equipo de una prueba a otra.

Esta actividad puede ser utilizada en un hospital infantil o centro de rehabilitación

VARIANTES

Aumente el número de objetos (como superación del equipo). Varíe los tamaños, pesos y contextura de los objetos.

PELOTAS LOCAS

Todos los jugadores comienzan con una pelota en el suelo en frente de ellos. El objetivo de la actividad es mantener todas las pelotas rodando. Si una pelota se detiene y la ven, un ayudante grita y se pierde un punto. Cuando se pierden cinco puntos, se termina un período de tiempo. (Se puede contar el tiempo que dura un período, o sea que permanece jugando el grupo sin perder cinco puntos). Las pelotas paradas deben ser puestas en movimiento de inmediato y siguen siendo parte del juego. Si una pelota se queda metida debajo de algo accidentalmente, el ayudante la vuelve a poner en juego. Si un jugador mete la pelota deliberadamente en algún sitio o trata de esconderla, y se le descubre haciéndolo, se pierde un punto y la pelota es regresada al juego de nuevo.

DESARROLLO PERCEPTIVO MOTOR: control corporal; coordinación de óculo manual; conocimiento espacial; relaciones corporales y espaciales; equilibrio; rastreo visual figura y fondos visuales; conocimiento temporal (juzgar la velocidad en que rueda la pelota)
CAPACIDAD DE ATENCIÓN Y CONCENTRACIÓN: reconcentrarse rápidamente después de cada acción; conocimiento inmediato de los efectos de concentrar o no concentrar la atención.
DESCARGA DE LA TENSIÓN Y DEL EXCESO DE ENERGÍA: bombardeo masivo; involucramiento total; concentración de la atención
AUTOCONTROL al determinar y planear una acción
DESARROLLO DE LOS PROCESOS DEL PENSAMIENTO al probar nuevas maneras de enfrentarse a los problemas
DESARROLLO SOCIAL: sentimiento de equipo (sin papeles o posiciones definidos) y de pertenecer; depender de la ayuda de los demás para resolver un número inusitado de problemas; no se recibe premio ni crítica por el papel jugado en el equipo
CAPACIDADES FÍSICAS: pensar y moverse rápidamente; agilidad; control corporal; control de ojos, pie y objeto

COMENTARIOS Y SUGERENCIAS

Como necesitará una pelota para cada jugador, más alguna extra, tal vez podrá conseguir pelotas viejas de tenis. Si existe una fábrica local de pelotas o una firma deportiva, pida una donación de desechos (las "pelotas locas" no necesitan rebotar).

Se sugiere utilizar varios tipos de pelotas, ya que una variedad en el tamaño, color, etc., les da a los niños amplias experiencias motrices perceptivas.

Puede necesitar voluntarios para ayudantes. A veces los niños que tienen limitaciones de salud temporales gustan ayudar.

Aunque será divertido reemplazar el grito por objetos ruidosos, a veces un buen grito suelta la tensión.

Contar el tiempo y la puntuación puede o no ser necesario según los participantes y varios otros factores. Los niños querrán saber si mejoraron su intento previo pero probablemente sólo después de haber jugado varias veces.

Sucede que empezarán intentando mantener rodando "su" pelota. Esto por lo general sólo dura un tiempo corto, pero si se prolonga, utilice la primera variante enumerada.

Estimule a los niños a que utilicen ambos pies.

Como algunas de las necesidades de este juego sólo pueden ser cubiertas con la experiencia (planeación individual eficaz, estrategia de grupo, etc.), se recomienda incluirlo en su programa durante un tiempo extendido.

Aunque la pérdida de material sea un problema en muchos juegos, es indispensable recuperarlo para asegurar que siempre habrán suficientes pelotas para este juego. Al terminar, recoja las pelotas extra y póngalas en su bolsa o caja. Luego pídale a cada quien que encuentre una pelota. Si no tienen todos una, pídales a **todos** que ayuden a encontrar las extraviadas para que cada niño o niña aviente su pelota dentro de la bolsa. Parece demasiado sencillo, pero funciona este sistema de recuperación de material.

VARIANTES

Añada una pelota extra cada quince segundos, más o menos, si siente que ayudará en esta actividad.

Reduzca el número de pelotas si cree que es necesario.

Que los niños utilicen sólo el pie izquierdo o el derecho, o el que no utilizan generalmente. Ofrezca esta variante como un estímulo; no necesita ser controlada, pero puede ser útil reducir el número de pelotas.

"TE ATRAPÉ"

Un palo de periódico enrollado (véase "Comentarios y sugerencias") se pone sobre algún soporte, como una papelera, al centro de un círculo de jugadores. Se selecciona a uno para ser el número uno, quien va al centro, levanta el periódico, va corriendo hacia otro, le pega en algún sitio por debajo de la cintura, corre a poner de nuevo el palo en su lugar y se apresura a ponerse en su puesto inicial. Si el periódico cae fuera o dentro de la papelera, debe regresar y ponerlo encima de ella nuevamente. El jugador atacado puede agarrar el periódico tan pronto como está puesto en su lugar y tratar de pegar a aquel que le deba de atacar. Si lo logra, el jugador inicial prueba de nuevo, pegando a otro. Si el que ha sido atacado esta vez no logra pegar a éste a tiempo, entonces se vuelve el número uno.

DESCARGA DE LA TENSIÓN Y DEL EXCESO DE ENERGÍA: actividad conocida como guerra suave; implica agresión sin lastimar; risa, despliego amistoso de agresión, pero puede ser también relativamente hostil sin dañar; involucramiento activo

CAPACIDADES FÍSICAS: mantenerse alerta; tiempo de reacción reducido; agilidad

COMENTARIOS Y SUGERENCIAS

Se deberá enrollar un periódico flojamente a lo largo para que pueda asirse pero no ser tan pesado como para lastimar.

Tal vez prefiera teenr a la mano un palo extra de papel periódico en casos de que el original se ponga blando o se arrugue mucho.

Si se da cuenta de que todos los niños no han tenido su turno, que cada quien se siente después de haber jugado. Sólo los que quedan de pie pueden ser atacados.

VARIANTES

Si usted o los niños están aprendiendo nombres, que el número uno diga el nombre de quien está pegando. Hágales un reto a los que son raramente atrapados cuando pegan: que traten de decir el nombre del jugador que van a pegar al coger el periódico de la papelera.

VÓLIBOL LIBRE

El "Volibol libre" se puede jugar con tantas o tan pocas reglas como quiera. Empiece con algunas sencillas y vea lo que necesita su grupo (véase "Variantes"). El saque puede ser normal o un lanzado al aire y los compañeros de equipo ayudarán.

DESARROLLO PERCEPTIVO MOTOR: rastreo visual; relaciones corporales y espaciales; conocimiento espacial; calcular el tiempo; forma y terreno visuales

CAPACIDAD DE ATENCIÓN Y CONCENTRACIÓN: novedad; involucramiento; requisitos mínimos de habilidad (la falta de atención puede ser causada por la falta de oportunidad de participar, pudiendo introducirse una variante)

DESCARGA DE LA TENSIÓN Y DEL EXCESO DE ENERGÍA: involucramiento; éxito; movimiento; extensión; contribución

AUTOCONTROL jugando sólo en una zona particular (un aspecto importante del juego de equipo es el compartir con los demás y aprender a no quitarle una jugada a otro)

DESAROLLO SOCIAL: trabajo en equipo; considerar a los demás; compartir; jugar limpio

CAPACIDADES FÍSICAS: coordinación visual manual; las habilidades básicas para el vólibol.

COMENTARIOS Y SUGERENCIAS

A causa del viento y del tiempo requerido para buscar la pelota, a veces será mejor jugar en interior en un espacio reducido; necesitará quitar las cosas que puedan ser golpeadas y rotas.

Trate de conseguir balones de playa gratis con las empresas.

Si utiliza un globo, no tendrá el mismo vuelo; tal vez quiera ponerle dentro un poco de agua o unos frijoles para darle más peso, lo que lo hará moverse erráticamente.

Un trozo de estambre de color puede hacer de red, colgando unos hilos más para hacerlo más parecido a una red verdadera. Se puede jugar de pie o sentado.

Se recomienda platicar sobre el tipo de cancha y la diversión de todos en pegarle a la pelota (véase también la última variante enumerada).

VARIANTES

El volibol se puede jugar sin reglas; simplemente pídale al grupo que lance la pelota por encima de la red las más veces posibles (se llama "Volibol infinito"). Permita tantos pases del mismo lado como se necesiten; cada quien puede golpear la pelota tantas veces como quiera; no hacen falta límites (p. ej., pueden jugar contra la pared).

"Volibol sentado": los jugadores se sientan de tal manera que no pase luz entre la silla y su cuerpo. Con un grupo hábil que juega soccer, tal vez quieran jugar utilizando cualquier parte del cuerpo (la cabeza, las rodillas, los hombros, etc.), excepto las manos.

Ponga una regla en la que los jugadores se deben salir de la cancha después de pegar a la pelota tres veces (sistema de honor). Así se reducirá los jugadores a quienes no la han lanzado tan frecuentemente. Permita que aquellos que salieron sigan jugando cuando la pelota se salga de los límites. Cuando llegue a la última persona, todos regresan a la cancha y el juego vuelve a empezar.

5

Autocontrol

El autocontrol parece poder desarrollarse naturalmente. Algunos adultos esperan reducir la conducta quebrantadora e interfiriente del niño y logran alguna forma de control emocional, mientras que otros desean incrementar la independencia del niño, su autodirección y conducta efectiva. Ambas cosas son importantes y representan diferentes grados de la misma necesidad. La posibilidad de ayudar a un niño dado se basa en su individualidad y en el tiempo y los recursos disponibles. El juego es uno de estos recursos.

Algunos tipos de juego que parecen contribuir a incrementar el desarrollo del autocontrol son los que:

- le permiten al niño establecer una identidad personal positiva como miembro importante del grupo
- estimulan el desarrollo social y la responsabilidad
- descargan la energía y reducen las tensiones acumuladas
- aumentan la capacidad de atención y la concentración
- promueven la percepción auditiva
- permiten la práctica de estar bajo control
- involucran el dirigirse y controlarse a sí mismo de manera independiente
- requieren seguir unas directivas para lograr el éxito
- practican el cambio de los niveles emocionales dentro de una actividad
- practican el funcionamiento (efectivo) bajo presión
- estimulan al niño a perseverar y a enfrentarse con la frustración.

El juego posee algunas características generales que hacen de él una herramienta poderosa para ayudar al niño a conseguir su autocontrol:

- Las oportunidades de experimentar son abundantes y continuas.
- Las metas y objetivos son relativamente claros y consecuentes.
- El autocontrol contribuye con frecuencia a alcanzar la meta.
- La retroalimentación es por lo general inmediata y frecuente, permitiéndole al niño experimentar las relaciones entre causa y efecto.
- Existen muchas posibilidades de éxito y oportunidades de ver a éste como obtenido gracias al autocontrol.
- Los errores pueden ser perdonados.
- Generalmente existe la oportunidad casi inmediata de probar de nuevo (ajustar, repetir, recobrarse).
- Se ofrecen retos progresivos para que el niño pueda lograr el éxito a varios niveles y seguir viendo posibilidades.

Para otras actividadess relacionadas, véase el índice.

DORMIR DE MENTIRITAS

Los alumnos hacen que están dormidos. Camine entre ellos para comprobar lo relajados que están (véase la primera variante después de "Relajación"). Al escuchar un sonido al propósito, se levantan de un salto y se desplazan rápidamente a otro lugar, donde pretenden volver a dormirse. (Debe comprobar de nuevo su relajación).

DESCARGA DE LA TENSIÓN Y DEL EXCESO DE ENERGÍA: respuesta repentina y explosiva; práctica de los dos extremos

AUTOCONTROL: cambio de los niveles de excitación y de tensión

CAPACIDADES FÍSICAS: habilidad para relajarse, de moverse armoniosamente y de manera coordinada

COMENTARIOS Y SUGERENCIAS

La habilidad de relajarse rápidamente y en cualquier momento disponible es valiosa y debe ser desarrollada cuanto sea posible. El **stress** y la tensión residuales desgastan la energía y aumentan la sensación de fatiga.

VARIANTES

Mientras que los chicos están tendidos en el suelo o sentados en una silla, pídales que pongan tensa una zona particular del cuerpo (el puño, la cara, los hombros, etc.) y luego que aflojen la tensión, tratando de sentir la diferencia entre los dos estados.

MUÑECO DE TRAPO

Los niños aprenden a relajarse y a controlar las tensiones de su cuerpo participando en actividades que los vuelven conscientes de estos factores. Ser un papalote que cae gradualmente, un cubo de hielo o chocolate que se derrite, un títere, una muñeca de trapo, una llanta que se deshincha lentamente, o dejar que varias partes del cuerpo ondulen libremente y luego se inmovilicen, podrían servir ese propósito.

DESARROLLO PERCEPTIVO MOTOR: aislar las diferentes partes del cuerpo (la madurez no garantiza esta habilidad; los niños pueden necesitar mayor experiencia); volverse más conscientes del estado físico de uno

CAPACIDAD DE ATENCIÓN Y CONCENTRACIÓN: la dramatización mantiene el interés

DESCARGAR LA TENSIÓN Y EL EXCESO DE ENERGÍA: aprendizaje de la habilidad de relajarse

AUTOCONTROL: incremento de la relajación neuromuscular (control de las relaciones físicas al **stress**)

DESARROLLO DE LOS PROCESOS DEL PENSAMIENTO: interacción mente-cuerpo; control consciente sobre la tensión muscular y relajación
CAPACIDAD FÍSICA: control sobre partes aisladas del cuerpo

COMENTARIOS Y SUGERENCIAS

Trate de dar tiempo para una relajación total. A algunos niños les llevará más tiempo que a otros, siendo probablemente los que más necesitan la experiencia.

Si es un buen narrador, utilice su habilidad para alargar el tiempo para este tipo de actividad. La música ayuda a veces.

En un mundo que produce **stress**, se ha vuelto muy importante que los niños aprendan a relajarse lo más pronto posible. La tensión y sus efectos nocivos se están encontrando en un número de niños cada vez mayor.

VARIANTES

Que los alumnos se tiendan en el suelo o se sienten con los ojos cerrados. Después de que se hayan relajado gradualmente, camine entre ellos levantando algún brazo o moviendo suavemente una cabeza para determinar si están totalmente relajados. Si resisten o colaboran en el movimiento, trate de ayudarlos a relajarse más. Ellos mismos podrán eventualmente hacer esto unos con otros.

EL TLACUACHE

Uno de los niños es el tlacuache, que pretende estar buscando algo. La conversación entre el grupo y tlacuache puede ser la siguiente:

—Viejo tlacuache, ¿qué andas haciendo?
—Busco mi aguja.

—¿Pa'qué la quieres?
—Pa'coser mi costal.
—Y eso, ¿pa'qué sirve?
—¡Pa'llevarte conmigo!

Al oir esto todos los miembros del grupo se dispersan mientras que el tlacuache trata de atrapar a alguien; el niño atrapado se vuelve el tlacuache y el cuento empieza de nuevo.

DESARROLLO PERCEPTIVO MOTOR: conciencia del cuerpo y control; conocimiento espacial; calcular la distancia y la velocidad.

CAPACIDAD DE ATENCIÓN Y CONCENTRACIÓN: excitación; control (véase "Comentarios y sugerencias")

DESCARGA DE LA TENSIÓN Y DEL EXCESO DE ENERGÍA: la excitación sube a un punto culminante y luego explota

AUTOCONTROL: se permite una conducta aparentemente violenta pero también existe la responsabilidad de no chocar con los demás: se juega dentro de un límite de control (además es una buena manera de enfrentarse al miedo)

DESARROLLO DE LOS PROCESOS DEL PENSAMIENTO: tomar riesgos a nivel personal; pensar y responder efectivamente estando excitado; controlar adecuadamente las situaciones

DESARROLLO SOCIAL: responsabilidad hacia los demás

CAPACIDADES FÍSICAS: control corporal; agilidad; arrancar y pararse rápidamente

COMENTARIOS Y SUGERENCIAS

Deberá resaltarse el tener cuidado al correr; "Entrecruzado" puede ser un buen juego preliminar para enseñarles a los chicos a no chocar contra los demás.

Los niños pequeños parecen apreciar la repetición y el estímulo de este juego. Puede ser que gocen al estar excitados y asustados cuando la duración y el resultado están bajo su control. Cada quien estará tan lejos o tan cerca del tlacuache como quiera a la hora de echarse a correr. Así podrán determinar individualmente lo dispuestos que están a aceptar un reto y qué tanto riesgo quieren tomar.

TIBURÓN

Los chicos se dividen en grupos de tres. (Utilice los restantes o un solo grupo de tres como tiburones). Dos de cada grupo forman una jaula submarina poniéndose el uno frente al otro y cogiéndose las manos. El tercer jugador es el buzo que quiere evitar a los tiburones estando dentro de la jaula. Cuando el conductor grita "cambio de jaulas", los jugadores que hacen de jaula levantan los brazos y los buzos tratan de buscar otra jaula. Al tiburón se le permite atrapar a cualquier buzo que no está en la jaula y el buzo apresado cambia de lugar con el que lo ha atrapado. El juego deberá dividirse en varios períodos de tiempo para darle la oportunidad a cada miembro del grupo de ser buzo y tiburón.

DESARROLLO PERCEPTIVO MOTOR: control corporal; conocimiento espacial; control del tiempo; adaptabilidad y ajuste
CAPACIDAD DE ATENCIÓN Y CONCENTRACIÓN: excitación; tomar riesgos
PERCEPCIÓN AUDITIVA: señal verbal
DESCARGA DE LA TENSIÓN Y DEL EXCESO DE ENERGÍA: excitación; movimiento; riesgos
AUTOCONTROL: resolución de problemas bajo tensión
DESARROLLO DE LOS PROCESOS DEL PENSAMIENTO: toma de decisiones; resolución de problemas con rápida adaptación; estrategia
DESARROLLO SOCIAL: cooperación; responsabilidad de evitar chocar contra los demás; moverse en una situación en que otro se está moviendo dentro del mismo espacio
CAPACIDADES FÍSICAS: agilidad; esquivar

COMENTARIOS Y SUGERENCIAS

Para esta actividad se pueden formar al azar o en círculo. Permita sólo un buzo por jaula.

Es más seguro atrapar por debajo de la cintura y menos fácil que cause una caída.

"La ardilla en el árbol" es una versión simplificada de esta actividad. Si su grupo no soporta la idea de los tiburones o la excitación de ser apresado, podrá crear la suya propia.

VARIANTES

Siéntase siempre libre de añadir reglas de base o hacer modificaciones para mejorar al juego tal y como lo juega su grupo particular.

Un juego será más o menos estimulante según la escena que se plantee. Los tiburones son muy emocionantes, los marcianos tal vez un poco menos excitantes, los guardianes del zoológico todavía menos. Cubra las necesidades de su grupo.

Tenga sólo un tiburón.

En lugar de buzos puede haber dos o tres tipos de peces (p. ej., pez ángel. carpa, pez espada). Las jaulas serán rocas para esconderse. Cuando se nombra a un pez, sólo esos cambian de roca mientras que el tiburón trata de atrapar a uno de ellos. La llamada de "todos los peces nadan" significa que todos deben encontrar una nueva roca.

ACITRÓN

Acitrón de **un**
fandango, sango, **sango**,
sabaré.

Sabaré
de **una arandela** con el
trique, trique, **tran**.

(Las sílabas en letra negrita marcan el paso del movimiento.)

Todos se sientan en círculo con algún objeto pequeño (emplee corcholatas, piedritas, zapatitos o lo que tenga a la mano) delante de ellos. Al ritmo de la canción cada quien debe levantar el objeto y pasarlo frente al compañero a su derecha. Al ritmo de la canción, cada quien levanta el objeto y lo pasa al compañero a su derecha. Así continúa el movimiento hasta llegar a la última línea, cuando al cantar "trique trique tran", se debe hacer un pase juguetón, o sea que al cantar "trique" la primera vez, se pasa el objeto sin soltarlo, para volverlo a su lugar (sin soltarlo) con el segundo "trique". Al cantar "tran", el objeto se coloca definitivamente frente al receptor. Se repite todo movimiento, que al principio ha de ser muy lento para facilitar el aprendizaje o el calentamiento.

Al acelerarse el ritmo, se torna más difícil el juego.

DESARROLLO PERCEPTIVO MOTOR: tiempo (conciencia temporal); coordinación de ojos, mano y objeto; percepción de pistas auditivas

CAPACIDAD DE ATENCIÓN Y CONCENTRACIÓN: música acción constante; movimiento; cambio de modelo; responsabilidad ante el grupo (estímulo de la atención por la suma de actividad que se está dando continuamente)

PERCEPCIÓN AUDITIVA: pasar conforme el ritmo; anticipar y oir las palabras clave

AUTOCONTROL: aprender a permanecer calmado

DESARROLLO DE LOS PROCESOS DEL PENSAMIENTO: resolución de problemas individualmente y en grupo (bajo tensión); aprender a anticiparse al cambio de directivas

DESARROLLO SOCIAL: reto del grupo; responsabilidad individual

CAPACIDADES FÍSICAS: destreza manual; manipulación de objetos dentro de un tiempo dado

PROGRESIÓN SUGERIDA

Hágales aprender la canción primero dando palmadas con el "trique, trique tran". Al pasar los objetos, se puede cantar la canción lentamente acentuando fuertemente el ritmo. El grupo debe tratar de completar los pases sin ningún fallo. (Para los grupos que tienen mucha dificultad, pruebe con sólo unos pocos objetos; los que no tengan un objeto que pasar golpearán el suelo como si tuvieran uno).

COMENTARIOS Y SUGERENCIAS

A veces los niños pueden sentir pena al pasar su "zapato" u otro objeto personal. Por eso puede ser mejor dejarles elegir sus objetos. La variedad de formas y tamaños puede incrementar el estímulo motor perceptivo.

Generalmente se darán fallos y no deben ser tomados en serio. Disuada a los alumnos de que se acusen unos a otros cuando los objetos se amontonan frente a un niño. Es divertido para ellos darse cuenta de que están mejorando como grupo.

Estimule al grupo con el reto de que terminen cierto número de vueltas sin un amontonamiento, acentuando la responsabilidad de la persona que pasa el zapato, ya que un pase puede ayudar a romper el proceso.

Según aumenta el tamaño del grupo, aumenta la posibilidad de fallar. Con un grupo grande con dificultades, puede dividirlo en grupos pequeños. O puede dividirlo en dos y que la mitad mire mientras la otra mitad juega; entonces los observadores podrían hacer sugerencias sobre cómo mejorar el juego.

Al principio evite los objetos demasiado planos o que sean de alguna manera difíciles de manejar; aquellos como pelotas de papel arrugado son buenos para los principiantes.

Esta actividad puede llevar a una discusión sobre cómo resolver los problemas cuando "se amontonan". Si cuando los objetos se amontonan delante de un individuo ese jugador permanece tranquilo y sigue moviendo sólo un objeto a la vez —resolver un problema a la vez— el problema tenderá a resolverse por sí solo.

VARIANTES

Este juego también se puede jugar sobre mesas o escritorios si se disponen en círculo apretado.

Los niños pueden superarse a sí mismos tratando de utilizar la otra mano. Esta posibilidad se ofrece como una opción individual de tal manera que los que estén dispuestos puedan probarlo; aquellos que todavía tienen dificultades deben concentrarse en el proceso y en el modelo de una sola mano.

Como dos jugadores sentados uno frente a otro disfrutan de este juego, podría ser una buena forma de empezar, ampliando al grupo cuando hayan aprendido el patrón básico. Cuando el grupo ya esté bastante avanzado, se podrá acelerar el ritmo.

LA ZORRA Y LA ARDILLA

Los niños forman un círculo y se pasan dos objetos alrededor de ellos: uno es la ardilla, y el otro es la zorra. La zorra sólo se le permite pasar al jugador **siguiente** en el círculo, pero en cualquier dirección. La ardilla puede brincar a través del círculo y también ir en cualquier dirección. La zorra trata de atrapar a la ardilla, mientras que la ardilla trata de evitar que la atrape. Cada jugador debe determinar su respuesta según el objeto recibido. Si la ardilla es atrapada, el juego vuelve a empezar.

DESARROLLO PERCEPTIVO MOTOR: coordinación de ojos, manos y objetos (bajo tensión); rastreo visual.

CAPACIDAD DE ATENCIÓN Y CONCENTRACIÓN: excitación, mucha acción rápida; no existe un modelo de acción previsible (dos o tres objetos haciendo cosas diferentes a la vez **estimulan** la habilidad para concentrarse)

DESCARGA DE LA TENSIÓN Y DEL EXCESO DE ENERGÍA: risas; acción continua, incluso confusión

AUTOCONTROL: estímulo; dispuesto a probar de nuevo
DESARROLLO DE LOS PROCESOS DEL PENSAMIENTO:
cambiar de papel y de objetivo en cualquier momento
CAPACIDADES FÍSICAS: pasar y atrapar; manipulación de objetos

COMENTARIOS Y SUGERENCIAS

Trate de hacer que las diferencias entre los objetos sean claras. Más tarde tal vez quiera hacer la distinción más difícil.

Para preparar la actividad tal vez desee que los alumnos pasen la ardilla y luego el zorro, para ver si el zorro puede atrapar a la ardilla (yendo ambos en la misma dirección y sin brincar). Cuando los niños tengan la idea básica, puede añadir el brinco de la ardilla y permitir que el zorro vaya en ambas direcciones.

Esta actividad no se debe tomar demasiado en serio; de hecho, no puede serlo, ya que por lo general los jugadores no están totalmente seguros sobre quién están a favor y quién en contra.

VARIANTES

La rueda puede ser demasiado grande para permitir que el zorro atrape a la ardilla. Cuando esto ocurra, los jugadores que tienen la ardilla pueden arriesgarse (y aumentar el reto) a dejar que el zorro se acerque más, saltando sólo cuando sea necesario y dando brinquitos (provocando al zorro); o haga dos círculos. Este juego funciona casi a cualquier nivel de destreza. Una actividad que cambia según la capacidad creciente de sus participantes es dinámica y el papel de quien la planea se vuelve incluso más importante.

Si algunas reglas no parecen funcionar para su grupo (p. ej., que se permita mover a la ardilla en ambas direcciones), trate de cambiarlas. Ninguna actividad está perfectamente creada para todos los grupos. Intente nuevas formas. (Tal vez desee considerar una sola modificación a la vez).

Añada un segundo zorro; esto es realmente desenfrenado, divertido y confuso.

EL VAMPIRO

Todos los jugadores cierran los ojos y se designa a uno como vampiro. Los niños vagan alrededor del salón; si el vampiro atrapa a alguien, hace que lo muerde (en el hombro). El jugador "mordido" se vuelve vampiro y busca otras víctimas. Si dos vampiros se muerden uno a otro, se neutralizan y se vuelven jugadores ordinarios, hasta que sean mordidos de nuevo; por esta razón, el juego no tiene fin.

DESARROLLO PERCEPTIVO MOTOR: conciencia espacial; conciencia kinestésica

CAPACIDAD DE ATENCIÓN Y CONCENTRACIÓN: excitación por el miedo: ojos cerrados (aunque no se garantiza la transferencia de la confrontación a situaciones de igual o menor ansiedad)

DESCARGA DE LA TENSIÓN Y DEL EXCESO DE ENERGÍA: efecto catártico

AUTOCONTROL: retos personales

COMENTARIOS Y SUGERENCIAS

Utilice a algunos voluntarios para ayudarle a evitar que los jugadores vaguen muy lejos o se topen con obstáculos. Esto también les permite a esos niños que acepten papeles de responsabilidad. Tenga en cuenta los obstáculos con que puedan chocar.

En actividades en que los pequeños al no ver pueden asustarse, recomendaría que siempre les hiciera cerrar los ojos en lugar de utilizar vendas. Si algunos hacen trampa, déjelos; en lugar de vigilarlos, anímelos a retarse manteniendo los ojos cerrados, ya que deben aprender a dirigirse a sí mismos. Podemos encontrarnos con que ellos son quienes mejor construyen su progresión si se les dan alternativas y vivencias que propician el crecimiento. Trate de ser paciente.

Tenga en cuenta que esta actividad asusta mucho a algunos infantes. Puede ser mejor dejarlos permanecer afuera las primeras veces hasta que estén dispuestos a participar. El permitirles ser ayudantes dará la oportunidad de crecer y rebasar su propio miedo. Una buena actividad preliminar será "Patos" y "Vacas", que proporciona elementos iguales pero asusta menos, o también "Tiburones", que aunque asusta, no requiere los ojos cerrados.

Se puede añadir gritos, ya sean de esos que hielan la sangre o suaves. Usted es quien mejor hace esa elección.

VARIANTES

Al ser mordido, el jugador se coge de la mano con el vampiro original y forman un "equipo de vampiros". Así el juego tiene un final (los vampiros no se neutralizan el uno al otro). Esta versión también propicia la estrategia de estar atentos y buscar zonas de seguridad.

El jugador mordido puede "morirse", caer al suelo, y volverse un obstáculo. Si se emplea esta versión, será más seguro que todos se arrastren por el suelo en lugar de caminar.

LAS BANDEROLAS

Los alumnos giran simplemente en círculo una banderola de papel de color en el aire, de las formas más variadas posibles. Este es un juguete simple, pero creativo, ya que a los niños les encanta mirar un moño, una bandera o una tira de papel flotando en el aire. Es más efectivo el movimiento con música apropiada.

DESARROLLO PERCEPTIVO MOTOR: relaciones corporales y espaciales

CAPACIDAD DE ATENCIÓN Y CONCENTRACIÓN: oportunidad de crear; tener algo que enseñar y compartir; acción en el grupo; movimiento al unísono

PERCEPCIÓN AUDITIVA: se puede integrar música

DESCARGA DE LA TENSIÓN Y DEL EXCESO DE ENERGÍA: movimiento; extensión; cambio de ritmo; apacible flotar de la banderola

AUTOCONTROL: trabajar en grupo

DESARROLLO DE LOS PROCESOS DEL PENSAMIENTO: creatividad; necesita memoria

DESARROLLO SOCIAL: pertenecer y ser responsable ante un grupo; seguimiento; contribuir; compartir ideas; comprometerse; dirigir

APTITUD FÍSICA: desarrollo de los hombros; flexibilidad y variedad de movimientos, alineación de los hombros, desarrollo de los músculos superiores de la espalda, reducción de la tensión en esa zona

COMENTARIOS Y SUGERENCIAS

Véase "Cómo hacer material a bajo o ningún costo". Es una buena actividad para jugar en el recreo con la oportunidad de involucrarse en una actividad calmada, participar en una demostración , una pausa en largos viajes en automóvil, un regalo que hacer y compartir con un amigo, y/o una solución de reemplazo para los peligrosos fuegos artificiales en las fiestas patrias.

Tal vez su grupo quiera participar en un desfile local o en una demostración escolar. Esta actividad es factible en cualquier nivel de habilidad, y al mismo tiempo ayuda al desarrollo físico, emocional y social.

Se pueden hacer banderolas de más fantasía añadiéndoles un cordel y el peso de un cartoncito en el extremo inferior aunque la experiencia me lleva a preguntarme si estos añadidos aumentan la diversión o tienen otros beneficios.

Las banderolas se pueden utilizar individualmente o en amplias formaciones en grupos espontáneos o cuidadosamente coreografiados. Este ejercicio suele aportar una alegría simple y tranquila y el sentimiento grandioso de comunidad.

VARIANTES

Los juegos siguientes se pueden jugar con banderolas:

- Sígueme
- El juego del espejo
- ¿Puedes hacer esto?
- El detective
- Movimientos en clave

Se puede crear una danza utilizando una o más banderolas.

Tal vez un fisioterapeuta creativo podrá desarrollar actividades con variedad de movimientos para que las criaturas las realicen solas entre las sesiones de terapia.

LAS PARTES DE MI CUERPO

El conductor desafía a los niños a que pongan una parte del cuerpo (la oreja, el pie, el hombro, etc.), y algún punto (el codo, la nariz, la rodilla, etc.), en alguna posición o contra algún objeto u otra parte del cuerpo. Por ejemplo: "Pongan una parte del cuerpo contra la pared; pongan otra parte del cuerpo por encima de su posición normal; tóquense dos puntos del cuerpo a la vez; toquen un tercer punto en el suelo; tóquense una oreja con alguna parte del cuerpo". Estas acciones se hacen en secuencia y son acumulativas. Todas se deben mantener al menos durante cinco segundos después de la última orden.

DESARROLLO PERCEPTIVO MOTOR: se pueden desarrollar instrucciones para problemas particulares

CAPACIDAD DE ATENCIÓN Y CONCENTRACIÓN: reto breve y progresivo

PERCEPCIÓN AUDITIVA: oir las instrucciones sobre dos o más partes

DESCARGA DE LA TENSIÓN Y DEL EXCESO DE ENERGÍA: retorcerse y estirarse; ser desafiado; lograrlo (o reirse); hacer el ridículo

AUTOCONTROL: la actividad debe ser modificada para estimular más que para amenazar

DESARROLLO DE LOS PROCESOS DEL PENSAMIENTO: interpretación; praxia; resolución de problemas; toma de decisiones individual

CAPACIDAD FÍSICA: equilibrio

COMENTARIOS Y SUGERENCIAS

Esta actividad es útil para calmar a los que acaban de tener una vivencia que incita a la hiperactividad. Se puede utilizar como una breve pausa.

Si se siente cómodo con el reto, deje que los alumnos le den una secuencia de cinco directivas y vea si logra realizarlas. Los retos infantiles suelen ser difíciles y puede no lograrlo. No obstante, si el énfasis se pone en el esfuerzo más que en el logro o en el fallo, usted y los chicos se sentirán cómodos aunque fallen.

Tal vez un fisioterapeuta creativo podría desarrollar retos específicos para pacientes individuales.

Véase "¿Puedes hacer esto?"

Será este un buen momento para tomar fotografías

VARIANTES

Este juego se realiza tanto sentado como de pie.

El reto puede hacerse más fácil o más difícil, más largo o más corto.

Haga una rueda tipo de lotería con varias opciones, o saque de una caja unos cartoncitos con estas alternativas

Después de dar las directivas completas, pídales a los niños que cierren los ojos y que mantengan sus posiciones por cinco segundos o más.

YO ME LLAMO MARÍA Y TÚ TE LLAMAS RAÚL

Los jugadores están sentados en círculo o en una formación cualquiera y se establece un ritmo. Todos se golpean los muslos dos veces, dan dos palmadas, y chasquean los dedos de una mano y luego la otra. Una vez que el ritmo ha sido establecido, se elige a un jugador para empezar. Éste dice su nombre de pila en el primer chasquido de los dedos y el nombre de otra persona en el segundo chasquido.

Hasta que los chicos se familiaricen con el juego, es preferible que reciten todos juntos: "Yo me llamo María y tú te llamas Raúl". Después podrán decir solamente los nombres, y por fin cada individuo dirá el suyo cuando le toca decirlo y el de otro.

El jugador nombrado continúa entonces el patrón.

DESARROLLO PERCEPTIVO MOTOR: modelo (reconocimiento y duplicación) (véase "Comentarios y sugerencias")

CAPACIDAD DE ATENCIÓN Y CONCENTRACIÓN: participación continua (ritmo); anticipación (incertidumbre); moverse al unísono

PERCEPCIÓN AUDITIVA: oir los nombres por encima del ruido del chasquido de los dedos (forma y base auditiva)

DESCARGA DE LA TENSIÓN Y DEL EXCESO DE ENERGÍA: sobrellevar el **stress**

AUTOCONTROL: sobrellevar el **stress** en un ambiente seguro (incita al riesgo); progresos evidentes

DESARROLLO DE LOS PROCESOS DEL PENSAMIENTO: toma de decisiones bajo presión

DESARROLLO SOCIAL: enseña la paciencia, la aceptación y el apoyo a los demás. (He visto a niños compartir la alegría de otro que finalmente lograba por primera vez un chasquido; este es un desarrollo social muy positivo)

CAPACIDAD FÍSICA: coordinación temporal y física bajo tensión

COMENTARIOS Y SUGERENCIAS

Con algunos grupos el patrón de la mano puede plantear un verdadero desafío en sí mismo, pudiendo ser ensayado varias veces como preliminar de la actividad, ya que el crear patrones con las manos es un reto difícil.

Como principio decir los nombres en el chasquido correcto suele ser difícil para algunos, tal vez desee dejar que un jugador (dejando pasar una o dos pulsaciones de la secuencia) hasta que pueda realizar el primer chasquido. Que un niño o niña falle si no es capaz de lograrlo a la secuencia siguiente puede crear demasiada frustración para que se dé el aprendizaje, así como interrumpir la actividad con demasiada frecuencia. Debe crearse un ambiente en el que sea **realmente** aceptable no lograr el primer chasquido. Los niños que están aprendiendo el autocontrol deben tener la oportunidad tanto de esforzarse como de lograrlo.

Un reto para el grupo puede ser el ver si todos los miembros del grupo pueden ser nombrados antes de que alguien sea nombrado dos veces. Este es un reto difícil para la memoria y también hace que todos se involucren.

VARIANTES

Simplifique el modelo de las manos si el grupo lo encuentra demasiado complejo.

Si su grupo necesita un estímulo adicional, que formen un círculo. A cada persona se le da un número; el patrón empieza con 1 y continúa consecutivamente. Si un niño falla (no llega a tiempo con el número), se va al final de la línea y todos los jugadores que están después de él o ella avanzan, cambiando así de número. Si los niños pueden realizar esto, permita que digan los números al azar.

Recuerde que las actividades se modifican con un propósito: cubrir las necesidades de su grupo.

6

Desarrollo de los procesos del pensamiento

En los juegos y actividades existe una fuente fértil y poco aprovechada de estímulos para el desarrollo de los procesos mentales: actividades que ofrecen múltiples oportunidades de resolver problemas y de tomar decisiones, aquellos en los cuales uno debe pensar y funcionar rápidamente bajo tensión. Hay juegos que se ganan por estrategia, en donde es imperativo ser capaz de vigilar la situación con ojo y oído expertos, en que la memoria es la llave y la participación propicia su desarrollo.

Es hora de destruir el mito de que la mente se desentiende cuando el cuerpo se involucra. Considere cuántos de estos factores cognoscitivos se desarrollan activamente al ser practicados en el juego:

- preparación, estar alerta
- atención, concentración
- recepción, percepción
- reconocimiento de patrones, relaciones y contrastes
- selectividad, discriminación
- comprensión, traducción, interpretación, extrapolación
- análisis
- generación de soluciónes alternativas
- síntesis
- toma de decisiones
- planeación motriz o praxia
- seguir secuencias
- memoria, almacenamiento de datos
- traducir de un modo a otro
- aplicación apropiada de la información
- transferencia del aprendizaje
- evaluación.

Personas como Jersild y Kephart, que han trabajado extensamente con niños, han destacado así la relación entre el movimiento y el pensamiento infantil:

Las primeras respuestas motrices o musculares del niño, que son las primeras respuestas relativas a la conducta del organismo humano, representan los inicios de un largo proceso de desarrollo y aprendizaje. A través de estas exploraciones motrices el niño empieza a descubrirse a sí mismo y al mundo que lo rodea, y su experimentación motriz y su aprendizaje motor se vuelven las bases sobre las que se construye ese conocimiento. Como en la primera infancia las actividades mentales y las físicas están íntimamente relacionadas, los movimientos motrices juegan un papel primordial en el desarrollo intelectual. En una amplia medida, las llamadas formas más sofisticadas de la conducta se desarrollan a partir de y tienen sus raíces en el aprendizaje motor.

Tal vez sea hora de **seleccionar** vivencias de juego basadas en su contribución positiva al desarrollo mental. No todas las actividades refuerzan o estimulan los mismos procesos del pensamiento, ya que suelen involucrar una capacidad cognoscitiva particular a un nivel determinado de desarrollo. Por lo tanto, la selección y la modificación se vuelven importantes para utilizar el juego de manera más efectiva como un recurso para el desenvolvimiento y la práctica de los procesos mentales. Es interesante darse cuenta de que algo que implica tanto placer (el juego) acarrea también un potencial tan grande en relación a esta área vital.

Véase el índice para mayor información a este respecto.

PASEOS IMAGINATIVOS

Haga dramatizar a los niños todos los estados del tiempo caminando como si lo estuvieran sintiendo.

CAPACIDAD DE ATENCIÓN, CONCENTRACIÓN Y PERCEPCIÓN AUDITIVA: interpretación individual; nivel de participación determinado por la atención puesta en escuchar
DESCARGA DE LA TENSIÓN Y DEL EXCESO DE ENERGÍA Y AUTOCONTROL: cambio de la rutina; jugar un papel; libertad de expresarse uno mismo; reducción de la conformidad con el grupo
DESARROLLO DE LOS PROCESOS DEL PENSAMIENTO: imaginación; creatividad; toma de decisiones
REFORZAMIENTO DE LA INFORMACIÓN APRENDIDA: podría formar parte del estudio del tiempo y del conocimiento del medio ambiente
CAPACIDAD FÍSICA de utilizar el cuerpo como un medio de expresión

COMENTARIOS Y SUGERENCIAS

Las posibles condiciones del tiempo son:

ventoso	caída de las hojas y
soleado	caminar sobre ellas
agradable	huracán
caluroso	tormenta eléctrica
frío	llovizna
glacial	muy calmado (tal vez
nieve	una buena actividad
granizo	final para relajarse
charcos después	y aquietar a los niños)
de la lluvia	

Si es usted un buen narrador, cuente una historia alrededor del tiempo. Los cuentos son más envolventes cuando el niño puede imaginar la sensación de una condición de tiempo en particular, lo cual se utiliza con frecuencia para plasmar el estado de ánimo en una historia o drama.

VARIANTES

Haga caminar a los alumnos como si estuvieran en diferentes substancias o lugares:

en nieve profunda
sobre aceite o canicas
sobre arena o alquitrán
sobre melaza o cola
sobre gusanos

sobre huevos
alrededor de un tigre dormido
sobre la luna
sobre una cuerda tendida
sobre carbones o arena calientes

Haga caminar como si estuvieran en ciertos lugares:

en un tazón de ensalada
en una tienda de juguetes
dentro de un jarro de mermelada
en la jungla
en un zoológico
en un parque
en el tráfico atascado

sobre un acantilado
en un circo
a través de un sueño
en una casa encantada
en una casa con un millón de gatos cariñosos

Los niños podrían caminar "según el humor" (triste, alegre, cansado, preocupado, etc.).

Podrían caminar como un oso, una persona anciana, un ciempiés, un bebé que está aprendiendo a caminar, un sapo o un canguro, un gusano...

Pregúnteles a los niños sobre otras posibilidades, y deles la oportunidad de crear.

EL JUEGO DEL PLATO DE CARTÓN

El objeto de esta actividad es moverse por el espacio disponible transportando un plato de cartón sobre el cuerpo (en equilibrio o mantenido contra la ropa por el aire) evitando cualquier otro objeto o individuo.

DESARROLLO PERCEPTIVO MOTOR: conciencia espacial* e imagen corporal (y su relación entre sí); control corporal

CAPACIDAD DE ATENCIÓN Y CONCENTRACIÓN: concentrarse en un problema; observar a los demás (el problema centrado en el objeto permite a los niños tímidos o incómodos concentrarse en el objeto y/o en las soluciones más que en sí mismos)

DESCARGA DE LA TENSIÓN Y DEL EXCESO DE ENERGÍA: control del nivel de energía; extensión

AUTOCONTROL: opciones y alternativas personales; ritmo propio

DESARROLLO DE LOS PROCESOS DEL PENSAMIENTO: exploración de alternativas; comprensión mediante la acción; escoger entre opciones

REFORZAMIENTO DE LA INFORMACIÓN APRENDIDA: comprensión de adhesión por succión del aire

DESARROLLO SOCIAL: ser consciente de los demás; compartir el espacio; asumir la responsabilidad de evitar las colisiones

CAPACIDADES FÍSICAS: equilibrio; control y coordinación corporales

APTITUD FÍSICA: extensión; variedad de movimientos e integración de las articulaciones

COMENTARIOS Y SUGERENCIAS

Si sólo hay un espacio reducido disponible tal vez desee:

• enfatizar el balanceo del plato y el movimiento en cámara lenta (véase la foto al principio de este capítulo).
• que sólo haya una parte del grupo activa a la vez
• probar el ejercicio respiratorio (véase las "Variantes")

Puede relacionar la versión original con el estudio de las corrientes de aire (por qué una cometa o un aeroplano se mantienen en el aire). Tal vez sería interesante combinar con esta actividad la fabricación de aviones de papel y el hacerlos volar.

VARIANTES

Emplear hojas de papel periódico o cualquier trozo de papel.

Los niños podrían jugar al "Entrecruzado" y/o "Patinar con tapete" antes de esta actividad para desarrollar la habilidad de evitar chocar contra los demás.

El balanceo del plato de cartón por un niño se puede combinar con que otro trate de soplar sobre él para tirar el plato (ejercicio respiratorio). No se permite tocarlo.

ROÑA DE PAREJAS

Las parejas se enganchan por el codo y también forman un "gancho" exterior con el otro codo poniéndose un puño sobre la cadera. Dos jugadores son libres de correr; uno de ellos es "el que las trae" y el otro trata de evitar ser atrapado. El jugador perseguido puede ponerse a salvo enganchándose de cualquier gancho libre formado por un codo. Cuando esto ocurre, la de el que ha sido enganchado ya no está a salvo y puede ser atrapado. Si eso sucede, ese jugador se vuelve "el que la trae" y corretea al que no está enganchado.

CAPACIDAD DE ATENCIÓN Y CONCENTRACIÓN: acción rápida, imprevisible, envolvente

DESCARGA DE LA TENSIÓN Y DEL EXCESO DE ENERGÍA: concentración; implicación; exaltación; risas

AUTOCONTROL: enfrentarse eficazmente a una situación dada (el jugador debe estar alerta, pensar, y ser capaz de funcionar bajo una presión positiva)

DESARROLLO DE LOS PROCESOS DEL PENSAMIENTO: observar y luego participar activamente requiere estar mentalmente alerta

DESARROLLO SOCIAL: socialmente orientado; compartir

CAPACIDADES FÍSICAS: reacción rápida

COMENTARIOS Y SUGERENCIAS

Por la complejidad y el carácter excitante de esta actividad, tal vez desee hacer primero alguna demostración en cámara lenta.

Si los grupos son impares, se podría hacer un grupo de tres, o usted podría jugar (si es correteado se puede enganchar; si fuera "el que la trae'" incapaz de atrapar a alguien, puede ya sea utilizar la estrategia, ya sea pedirle a un ayudante que tome su lugar). A los niños les gusta que juegue uno con ellos.

Al haber confusión acerca de quién "la trae", ayuda que el perseguidor porte un objeto blando, como una pelota de hilo o un sombrero, y lo utilice para tocar (además, es más seguro).

Anime a los chicos a que se ayuden unos a otros a determinar quién "la trae" si se da confusión. Muchas veces este tipo de problema se acaba más rápido dejando a los jugadores que lo resuelvan.

Si surge una duda sobre si una persona fue atrapada antes de engancharse, deberá tomar una decisión rápida (no es necesario que sea siempre justa), anunciando simplemente quién "la trae" y tal vez quién es perseguido.

Con un grupo que se siente incómodo enganchándose de los codos, permita la opción de poner el lado del pie contra el lado del pie para los que no quieran engancharse de los codos. Por lo general, con la excitación del juego eventualmente los codos se enganchan.

VARIANTES

Si su grupo es hábil con este juego, hágalo más difícil permitiendo que tanto "el que la trae" ,como el jugador perseguido se puedan enganchar. Así nadie debe perder la pista de quién "la trae" y quién es perseguido.

SABORES Y OLORES

Haga que los pequeños prueben o huelan algo. Entonces pídales que adivinen qué es. Que lo **describan**. Ayúdales a imaginar que a esta cosa se le podrían **asignar sentimientos** o un estado de ánimo (algo difícil de asignar). Luego pídales que **traten de expresar** éstos con algún **movimiento**.

DESARROLLO DE LOS PROCESOS DEL PENSAMIENTO: practicar las informaciones sobre olores y gustos; relacionar el saber con el sentir

REFORZAMIENTO DE LA INFORMACIÓN APRENDIDA: puede relacionarse con una unidad sensorial en ciencias naturales

COMENTARIOS Y SUGERENCIAS

Algunas sugerencias de cosas que huelen y/o tienen sabor:

chocolate	algo quemado
hierbas de olor	el amoníaco
flores	tierra
rodajas de limón	sal
palomitas de maíz	fruta olorosa
perfume	verduras

Si usted no tiene qué proporcionar, pídales a los niños que utilicen su imaginación. Incítelos a **investigar** cómo les hace sentir el sabor o el olor. Propicie la singularidad y las diferencias; no existen respuestas correctas. El ritmo lento de este tipo de actividad es primordial, ya que habrán momentos en que los niños necesiten tiempo para contemplar. Usted juega un papel importante en el desarrollo de tales actividades; tal vez si fuéramos más pacientes, les permitiríamos a los niños ir más allá de las respuestas inmediatas, comunes o aprendidas.

Tal vez esta actividad pueda ser integrada al arte de

escribir; p. ej., "¿Qué sabor tiene un limón?" "¿Cómo me hace sentir?" Trate cuidadosamente de evitar los juicios de valor, lo que es difícil. Es preferible emplear declaraciones de hecho: "Así es cómo te hace sentir el sabor del chocolate"; "Pareces tener ciertas sensaciones con el olor del amoníaco"; "Parece que siento algunos sentimientos definidos en tus movimientos". O si le preguntan: "¿Está bien así?", o "¿Le gusta esto?", conteste con otra pregunta que le remite la evaluación al niño; p. ej., "¿Cómo te sientes con eso?" "¿Te gusta a ti?" "¿Cuál de tus movimientos sientes que expresa mejor tus sentimientos?"

El gusto y el olfato son habilidades muchas veces descuidadas, que si fueran desarrolladas podrían aumentar el placer, hacer a un individuo más consciente de su entorno y en ocasiones salvar una vida.

VARIANTES

Puede ser provechoso que los alumnos prueben o huelan sólo un objeto, reflexionen sobre él y al día siguiente prosigan con el movimiento. La contemplación y la creatividad requieren tiempo para algunas personas.

MEMORIA

Haga que un pequeño grupo se pare frente a los demás. Todos (incluyendo a los que están frente al grupo) tratan de recordar el orden en que están parados. Ahora estos cambian de lugar. Después de unos diez segundos de algún ejercicio vigoroso (como trotar en el sitio o dar quince saltos), todos apuntan el orden en que creen que el grupo estaba parado. Luego pídale a un voluntario que ponga a los niños en el orden original (sin mirar los apuntes). Si el primer voluntario no lo puede hacer correctamente, permítale a algún otro o al grupo entero que ayuden.

DESARROLLO PERCEPTIVO MOTOR: secuencia y discriminación visual; conciencia de las relaciones y patrones
CAPACIDAD DE ATENCIÓN Y CONCENTRACIÓN: el objetivo enfatiza la atención y la concentración; las variantes evitan que los niños se aburran si la tarea parece simple o amenazados por ser demasiado difícil (ver la primera variante)
DESARROLLO DE LOS PROCESOS DEL PENSAMIENTO: memoria; percepción de patrones y relaciones

COMENTARIOS Y SUGERENCIAS

Disponga sólo a pocos niños en la línea inicial y aumente el número según vaya progresando el grupo.

Pregúntele al grupo: "¿Cuántos pusieron a la primera persona en el lugar correcto? ¿Cuántos tenían las dos primeras personas en el orden correcto? ¿Tres?" Trate de animarlos. Tal vez desee que cada quien apunte su récord para ver si mejora con el tiempo. Entonces añada otra pregunta: "¿Cuántos de ustedes lo hicieron igual o mejor que la última vez?" Comprobar que mejorar les permite sentirse bien. Los alumnos podrían compartir sus ideas sobre qué les ayuda a recordar.

VARIANTES

Para darles más oportunidad de acierto a la mayoría, pida a cada voluntario que ponga a sólo dos jugadores en posición. Trate de darse cuenta del niño que tiene dificultades en seguir la secuencia o en recordar, y si ese niño es voluntario, déjele disponer a sólo los dos primeros (que son por lo general más fáciles de recordar).

Que cada persona alineada haga un movimiento (para ser recordada). La hilera permanece en el mismo orden, pero el resto del grupo debe estar de pie; al ir cada persona de la hilera diciendo su nombre, todos los demás (incluyendo a los alineados) tratan de hacer el movimiento correcto. Si siente que algunos niños siguen a los demás en lugar de recordar, pídales a todos que cierren los ojos. Algunos sentirán la necesidad de hacer trampa, pero se les incitará a que traten de recordar. En esta variante, se puede variar el nivel de dificultad haciendo que cada individuo alineado repita la secuencia tres veces.

Sea creativo; trate de desarrollar la habilidad potencial de su grupo.

ROÑA EN FILA

Los alumnos se alinean de pie y se van contando de dos en dos. Todos los números uno se voltean. El jugador de un extremo es "el que la trae" y aquél del otro extremo es quien debe evitar ser atrapado. Todos los demás deben permanecer alineados, pero si el que corretea toca a uno de ellos en la espalda, aquél se vuelve "el que la trae". Su puesto en la hilera es entonces ocupado por el perseguidor inicial.

El que corretea necesita habilidad para atrapar el que corre y aquél debe permanecer alerta a la posibilidad de un reemplazo repentino del perseguidor.

CAPACIDAD DE ATENCIÓN Y CONCENTRACIÓN: posibilidad imprevisible de participación activa

DESARROLLO DE LOS PROCESOS DEL PENSAMIENTO: interpretar la acción; reaccionar rápidamente; utilizar una estrategia; toma de decisiones y resolución de problemas

DESARROLLO SOCIAL: buscar ayuda y ayudar a otro; desarrollar estrategias juntos

CAPACIDADES FÍSICAS: pensar y moverse (praxia); agilidad; ser capaz de pararse y arrancar rápidamente

COMENTARIOS Y SUGERENCIAS

Para asignar números es bueno que los alumnos levanten los dedos para indicarlos. Además de ayudar a aquellos que tienden a olvidar su número, les enseña una técnica para recordar mejor. Evite los largos correteos contando el tiempo (diez segundos) en que "el que la trae" debe o tocar al perseguido o a un jugador alineado para ser reemplazado. Si el corredor no puede ser atrapado, declárelo campeón y pídale que elija a uno nuevo.

Para propiciar la participación de todos, haga que cada niño que haya sido activo se siente al reintegrarse a la línea. Estos jugadores sentados no pueden ser atrapados.

Cuando los niños hayan aprendido este juego, serán capaces de sostener una línea adicional teniendo así dos juegos simultáneos, lo que les da la oportunidad de mayor independencia y control.

VARIANTES

En otra versión se permite que el perseguido sea el que toque a uno de los jugadores alineados y que toma entonces su lugar.

Cuando los niños se hayan familiarizado con estas versiones simples de roña, ta lvez quieran probar una forma más difícil. Esta versión permite tanto al perseguido como al corredor tocar a un alineado para tomar su lugar. Los jugadores alineados deben estar alertas para saber qué jugador es "el que la trae" y quién ha sido tocado.

SOMBRAS

Oscurezca el salón y haga que los alumnos se pongan entre una luz fuerte y una pared. Hágales crear sombras y formas para que puedan identificar sus sombras. Disfrutarán creando formas solos o en parejas. Tal vez les guste inventar una forma particular y que los demás traten de identificarla. Se divertirán creando historias para representarlas con sombras.

Se puede introducir una sombra atemorizante con un proyector de pantalla. Un recorte en cartulina (por ejemplo, una bruja) o un lápiz que se mueve cerca del proyector, será algo que habrán de evitar que toque su sombra. Por la excitación que crea, vaya despacio al introducir por primera vez los objetos atemorizantes.

DESARROLLO PERCEPTIVO MOTOR: imagen corporal; relaciones corporales y espaciales; conciencia espacial; conciencia visual direccional

CAPACIDAD DE ATENCIÓN Y CONCENTRACIÓN: actividad única que capta el interés (a no ser que sólo parte del grupo pueda participar)

DESCARGA DE LA TENSIÓN Y DEL EXCESO DE ENERGÍA: el espacio disponible y el número de participantes afectan la cantidad de energía descargada (los niños tímidos se sienten cómodos porque la atención se concentra en la sombra, no en ellos)

AUTOCONTROL: aprender a estar excitados y divertirse sin ser caóticos (adviértales a los niños que **ellos** deben controlar la situación o si no, se utilizarán actividades menos emocionantes; llévelo a cabo si es necesario, no como castigo sino como parte del proceso de aprendizaje)

DESARROLLO DE LOS PROCESOS DEL PENSAMIENTO: crear; ver las relaciones; observarse a sí mismo como una entidad en movimiento

DESARROLLO SOCIAL: ser consciente de los demás, compartir, dejarle espacio a otro, esperar su turno

CAPACIDAD FÍSICA: práctica de movimientos evasivos

COMENTARIOS Y SUGERENCIAS

Tal vez quiera ensayar esta actividad antes de utilizarla con su grupo para saber los requisitos: distancias, material, etc. Incite a los niños a que utilicen todo el cuerpo para crear las formas.

Tal vez tenga que controlar el ritmo de esta actividad, ya que los niños a veces se excitan demasiado.

Pruebe recortes de varios tamaños antes de utilizarlos, para ver cuáles funcionan mejor.

Esta actividad puede ser utilizada por conductores creativos en hospitales, como terapia física y como terapia recreativa. Los niños pueden realizarla en casa con sus familias, donde tal vez deseen también tratar de dibujar el perfil de las siluetas.

La música suele propiciar algunas posibilidades interesantes.

VARIANTES

Puede recortar la forma de una sombra y pedirles a los niños que la reproduzcan (como en "Sígueme").

Cuelga una sábana entre la luz y el auditorio. Deja a cada niño que haga su sombra favorita, o que el grupo cree escenas.

Figura 6-1

LEÓN, CAZADOR, FUSIL

Divida al grupo aproximadamente en dos. Cada equipo se concierta para determinar cuál va a ser su papel. Los papeles a elegir son el león (rugiendo y enseñando las garras y los colmillos), el cazador (que se para atento con un saludo) o el fusil (ambas manos levantadas como disparando un rifle, más un fuerte bum-bum). Los equipos se ponen de pie uno frente a otro, separados unos 30 cm. Todos repiten: "león, cazador, fusil, 1, 2, 3" y entonces rápidamente actúan sus papeles. Algunos resultados son:

- el león vence al cazador
- el cazador controla al fusil
- el fusil dispara contra el león.

Se reagrupan los equipos y prueban de nuevo.

DESCARGA DE LA TENSIÓN Y DEL EXCESO DE ENERGÍA:
excitación; carácter explosivo; correr y tocar
    AUTOCONTROL: tiempo claramente definido para el control y
su opuesto; la espera tiene un propósito definido y es limitada
    DESARROLLO DE LOS PROCESOS DEL PENSAMIENTO:
toma de decisiones; estrategia; predicción de lo que va a elegir el
otro equipo; recordar las señales; saber qué afecta a qué y cómo;
actuar rápidamente
    DESARROLLO SOCIAL: toma de decisiones en grupo; escuchar
a los demás; interacción; contribución

COMENTARIOS Y SUGERENCIAS

La presentación dramática del maestro plasmará la escena.

En este juego disfrutan niños que no pueden desplazarse. Si utiliza una versión con carreras, disponga zonas seguras en donde los niños puedan correr.

Ajuste la distancia hasta las zonas de seguridad y entre las líneas de los equipos según el espacio y los participantes. Evite utilizar una pared como zona de seguridad.

PROGRESIÓN RECOMENDADA

Cada niño elige un papel. El maestro llama "león", "cazador", o "fusil"; conforme el papel que los niños han elegido responden con el movimiento y el ruido apropiados.

Hay equipos, uno frente a otro. Un representante de cada equipo coge una tarjeta de las que sostiene el conductor. Cada tarjeta designa un papel. Los representantes enseñan las tarjetas a sus equipos. Todos dicen "León, cazador, fusil, 1, 2, 3" y ponen en acción su papel, decidiendo después quién gana o vence a quién.

El juego es el mismo que el precedente, pero los equipos deciden cual papel van a jugar.

Los equipos hacen una primera y una segunda elección cada vez que se conciertan. En caso de que se dé coincidencia (empate), harán otro intento sin tomarse el tiempo de reunirse de nuevo.

Se añade el *atraparse sin correr. Ambos equipos deben tener ahora el espacio suficiente para dar un paso atrás para evitar ser apresado. Los perseguidores pueden alcanzarlos pero sin avanzar. Ahora los que llevan la ventaja según la llamada tienen también que apresar a su oponente para ganar.

Si incluye el atrapar corriendo, se necesitan zonas de seguridad. El equipo puede añadirse a los atrapados o permanecer del mismo tamaño (sin tomar prisioneros).

Nótese que la persecución puede incluirse o eliminarse.

CHANGUITOS

Un número par de jugadores se sitúa en un número de espacios impar, dejando el espacio del medio vacío. El objeto es que todos se muevan de tal forma que terminen en el lado opuesto del que empezaron. Reglas: 1) sólo se permite mover una persona a la vez; 2) como en las damas, uno debe avanzar sólo de un espacio o saltar un jugador; y 3) los jugadores pueden moverse únicamente en una dirección.

CAPACIDAD DE ATENCIÓN Y CONCENTRACIÓN: véase la última variante

AUTOCONTROL: aprender a trabajar en grupo para la resolución de problemas: escuchar a los demás, comprobar y evaluar ideas, expresar claramente las propias sugerencias

DESARROLLO DE LOS PROCESOS DEL PENSAMIENTO: resolución de problemas; reconocer un patrón

DESARROLLO SOCIAL: cada grupo funciona de manera distinta (estudio en la dinámica de grupo)

COMENTARIOS Y SUGERENCIAS

También se juega con monedas o con discos de color en cuadros dibujados en un cartón. Puede incluir esta variante antes, durante o después de la versión con movimiento, probándola usted mismo primero.

Trate de indicar claramente los espacios, utilizando marcas u objetos planos, lo que ahorrará tiempo y material de marcar.

Como distracción educativa, se pueda jugar en momentos de espera, p. ej., al esperar un transporte que todavía no ha llegado. Este es un buen juego para días lluviosos en que los alumnos tienen que permanecer dentro del aula.

Divide un grupo grande en grupos pequeños, trabajando todos a la vez. Pueden variar en tamaño (entre cuatro y seis), aunque no todos podrán funcionar independientemente. Este problema no siempre se resuelve rápida o fácilmente y querrá planearlo indicando el nivel de dificultad y estableciendo un tiempo límite (p. ej., quince minutos) con la oportunidad de volver a probar.

Algunas personas les gusta comentar la resolución de los problemas con el grupo; otros prefieren dejar las observaciones a cada individuo. Creo que el intercambio ayuda a todo el grupo a entender cómo resolver el problema permitiendo a los niños sentirse más involucrados en el proceso.

VARIANTES

Cuantas más cajas, más complejo el problema.

Después de que un grupo haya resuelto el problema, pídales que lo hagan de nuevo. Luego que lo vuelvan a hacer, pero sin utilizar ningún tipo de comunicación **verbal** (tal vez dejando mirar a los otros grupos). Entonces puede pedirle al grupo que lo haga de nuevo, pero sin comunicación de **ningún** tipo (para ver si todos los jugadores entienden el patrón de la solución). Tal vez antes de esta última variante, el grupo necesite algo de práctica propia.

"VOY DE VIAJE"

Se les pide a todos los niños y niñas que elijan algún medio de locomoción o movimiento que le gustaría compartir con el grupo. Pida voluntarios para darles así a algunos niños tiempo de pensar y para proporcionarles ejemplos a aquellos que no tengan ideas inmediatas.

Se forma un círculo y empieza el viaje: "Soy Carolina y voy a tomar esto para viajar." El siguiente jugador dice: "Carolina va a tomar (medio de locomoción). Soy Jaime y también voy de viaje. Voy a tomar (medio de locomoción)." El siguiente dice: "Carolina va a tomar (medio de locomoción); Jaime va a tomar (medio de locomoción); y yo soy Susana y también voy de viaje y voy a tomar (medio de locomoción)". Y así sucesivamente.

DESARROLLO PERCEPTIVO MOTOR: reproducción del movimiento

CAPACIDAD DE ATENCIÓN Y CONCENTRACIÓN: requiere una atención y concentración constantes (véase el "Reto del conductor" en "Comentarios y sugerencias")

PERCEPCIÓN AUDITIVA si se están aprendiendo nombres

DESCARGA DE LA TENSIÓN: cambio de ritmo

DESARROLLO DE LOS PROCESOS DEL PENSAMIENTO: memoria; relación audiovisual; relación entre lo familiar (nombre y persona) y lo no familiar (medio de locomoción)

DESARROLLO SOCIAL: compartir; contribuir; conducir; seguir; posiblemente aprender nombres

COMENTARIOS Y SUGERENCIAS

Este tipo de actividad es útil cuando un niño nuevo se integra al grupo.

Ayuda a los adultos a aprender o repasar los nombres de los niños.

Tal vez desee empezar con voluntarios para que ningún niño se ponga tenso al no ocurrirse un medio de locomoción.

Se puede añadir un "reto del conductor" para mantener a todas alertas. Le permite a éste acercarse a cualquier niño en cualquier momento y retar su habilidad de repetir todo o parte de los nombres y medios de locomoción. Además, se puede retar a todo el grupo. Los niños tal vez tengan que interactuar unos con otros para conservar la pista de todos los medios de locomoción y todos los nombres. Esta interacción es útil y debe ser permitida mientras usted no sienta que es desorganizadora.

VARIANTES

Que los niños elijan llevar en el viaje un objeto que deben describir mediante un movimiento. Podría ser algo que rime con su nombre, p. ej., María-sandía, Jesús-autobús, Enriqueta-bicicleta, Guillermo-ciervo. Como algunos nombres son difíciles de rimar, se puede solicitar ayuda de los demás, o se le permitirá a ese niño que lleve un objeto favorito.

Si la creatividad le parece lenta, unos voluntarios podrán mostrar sus movimientos y entonces todo el grupo repetirá lo de cada uno de ellos al poner usted la mano sobre la cabeza de cada voluntario. Entonces varios niños más podrían añadir sus movimientos y todo el grupo trataría de repetir aquellos, más los primeros y así sucesivamente.

Con un grupo grande, haga unos pocos movimientos al día, repitiendo algunos de ellos según vaya avanzando. Utilice esta actividad diariamente para reducir la agitación; hacer un poco cada día también les dará a algunos la oportunidad de pensar lo que les gustaría hacer.

MOVIMIENTOS EN CLAVE

Seleccione o haga que los alumnos seleccionen movimientos (como saltar, sentarse, levantarse, trotar en el sitio, levantar los brazos lo más alto posible, círculos con la cabeza, rotación de las caderas) y asígnele una señal o un número a cada acción. El objeto es tratar de recordar qué número o señal corresponde a cada movimiento.

CAPACIDAD DE ATENCIÓN Y CONCENTRACIÓN: **aprender** qué acción va con cada número; **recordar** esta información

DESCARGA DE LA TENSIÓN Y DEL EXCESO DE ENERGÍA: reto; actividad vigorosa

DESARROLLO DE LOS PROCESOS DEL PENSAMIENTO **al** establecer relaciones

APTITUD FÍSICA: buen ejercicio básico (véase la introducción al capítulo 9)

COMENTARIOS Y SUGERENCIAS

Desanime a los participantes a valerse de las pistas sopladas siempre que sea posible. Sin embargo, recuerde que la filosofía de este libro es ayudar a los niños a satisfacer sus necesidades. Es decir, que se respeta la capacidad de ellos de conocer sus propias necesidades y de ser los mejores jueces del nivel de estímulo apropiado a su superación. Si las personas son realmente libres de elegir, se retarán a sí mismas a su mayor nivel de habilidad. La tarea de usted reside en hacer disponibles las más opciones de progresión posibles, para que los niños puedan elegir, lograr lo que se proponen, ganar confianza en sí mismos y aprender. De esa forma los maestros jugamos un papel primordial en ayudar al alumno a ser libre de aprender.

VARIANTES

Como la precipitación suele interferir con el desarrollo real de la memoria (si el niño o niña se tiene que apresurar, puede simplemente seguir a los demás en lugar de tratar de recordar), será útil hacer pausas (tiempo para recordar) antes de la señal del comienzo cuando se introduzca esta actividad por primera vez. Otra técnica que se utiliza con la pausa es pedirles a los alumnos que cierren los ojos tan pronto como crean recordar qué acción tienen que desempeñar. Aquellos que no consiguen recordar podrán tomar pistas del resto del grupo cuando empiecen a moverse. Además así tendrá usted una mejor idea de quién tiene dificultades. Empiece con sólo unas cuantas señales y añádales otras cuando el grupo esté preparado.

Los signos básicos utilizados por los sordos pueden reemplazar otras señales, paso que le enriquece a la actividad. La biblioteca o la asociación a favor de los sordos dispone de manuales sobre los signos.

7

Reforzamiento de la información aprendida

Recientemente se ha descubierto que algunos niños utilizan el oído como medio principal de aprendizaje; otros, la vista; y unos cuantos, la acción o la imaginación. Pienso que probablemente nos faltan aquellos que huelen, que gustan, que tocan y que reciben información en formas todavía desconocidas para nosotros, o en combinaciones tan individuales como las huellas dactilares o la personalidad. Algunos niños tienen procesos de pensamiento concretos; otros abstractos. Si nuestra meta es facilitar el aprendizaje, entonces nos incumbe a nosotros proporcionar aquello que deseamos que el niño aprenda bajo las combinaciones de formas que él pueda mejorar mejor.

¿Se podrían volver más comprensibles para algunos niños el aire, sus moléculas, movimiento y resistencia, si los incorporáramos al juego del paracaídas, a actividades con globos, y/o "Ping pong soplado", "El juego del plato de cartón", o hacer volar aviones de papel? ¿No se aprendería más a fondo una secuencia, la ortografía, las matemáticas o alguna otra información básica a través de la integración de alguna actividad relacionada?

La selección y modificación de las actividades motrices para el reforzamiento de la información aprendida específica requiere de creatividad y adaptabilidad. Las actividades de este capítulo le podrán proporcionar algunos ejemplos útiles. El apéndice B incluye algunas adicionales que pueden ser prometedoras para su grupo.

CIERTO O FALSO

Los alumnos se sientan en sillas, y se les hace una pregunta sobre cierto o falso. Se les da tiempo para que decidan de sus respuestas. Al decir "listos... ¡ya!", todos deben ponerse a la derecha de su silla si la respuesta es cierto, o a la izquierda si es falso. Entonces se da la respuesta y todos se sientan de nuevo. Se hace otra pregunta. Tal vez desee permitirles que pidan aclaraciones sobre la pregunta y/o la respuesta.

CAPACIDAD DE ATENCIÓN Y CONCENTRACIÓN, CAPACIDAD DE ESCUCHAR, DESCARGA DE LA TENSIÓN Y DEL EXCESO DE ENERGÍA: movimiento y participación continuos; total implicación con el grupo; rápida retroalimentación
AUTOCONTROL: dirigirse a sí mismo independientemente
DESARROLLO DE LOS PROCESOS DEL PENSAMIENTO: proceso de la toma de decisiones
APTITUD FÍSICA: véase la variante sobre la adecuación

COMENTARIOS Y SUGERENCIAS

Será una ocasión excelente para un chequeo rápido de lo que los niños entienden o no sobre un tema dado. Además, ofrece una oportunidad para los alumnos para aprender de sus propias respuestas, ya que la retroalimentación es clara e inmediata.

No se preocupe demasiado si algunos se mueven después de ver moverse a otros. Recuerde que el objetivo es aprender o repasar, no ganarle a alguien o desconcertar al niño. Estimule la toma de decisiones independiente haciéndoles sentir que está bien aprender de sus propios errores. El ser consciente de un error enseña más, mientras que el temer hacer un error o desconcertarse por él, reducirá lo que se aprende.

VARIANTES

Para adecuarla o incrementar el nivel de la actividad, que los niños hagan algún movimiento (p. ej., trotar en el sitio, saltar) después de haber elegido moverse hacia la izquierda o la derecha.

Utilizando la variante precedente, haga que los niños se muevan de dos formas diferentes, una para cierto y otra para falso, eliminando así el movimiento hacia la izquierda o derecha.

Escriba una palabra (ortografiada correcta o incorrectamente). Pídales a los alumnos que contesten si está escrita correctamente o no. Luego pídales que le ayuden a corregir la palabra si está escrita incorrectamente.

Para que la actividad sea tranquila, haga que los niños se sienten en la silla, con la cabeza baja y los ojos cerrados. Pídales que levanten la mano derecha si la respuesta es cierta y la izquierda si es falsa. Entonces se puede dar la respuesta. Los niños bajan las manos y se hace otra pregunta.

PALMEO MI NOMBRE

Los niños empiezan dando una palmada por cada sílaba de su nombre. Escuchando, buscan a otros que den un número similar de palmadas. Forman grupos.

DESARROLLO PERCEPTIVO MOTOR: reconocimiento de patrones, discriminación auditiva; discriminación de figura fondo; selección de un patrón particular de sonido

CAPACIDAD DE ATENCIÓN Y CONCENTRACIÓN: integración individual; identidad personal

PERCEPCIÓN AUDITIVA: escuchar atenta y selectivamente

AUTOCONTROL: movimiento

DESARROLLO DE LOS PROCESOS DEL PENSAMIENTO: análisis; pensamiento crítico; reconocimiento de patrones

REFORZAMIENTO DE LA INFORMACIÓN APRENDIDA: conocimiento y discriminación de las sílabas

DESARROLLO SOCIAL: sensación de pertenecer a un grupo; identificación con los demás (será especialmente importante para los niños tímidos o retraídos)

COMENTARIOS Y SUGERENCIAS

Este juego ayudará al alumno nuevo, ya que le proporciona una identidad y le anima a relacionarse con los demás. Algunos necesitarán ayuda. Trate de observar de cerca a aquellos que parecen vacilantes o reacios, moviéndose entre ellos.

Podría ser que detecte a un niño que necesita un examen del oído. Aquel que tiene dificultad en separar las palabras en sílabas puede no estar oyendo parte(s) de la palabra. Las consonantes, especialmente la s, la c y la z, son sumamente difíciles de captar cuando el niño no posea la habilidad de oir sonidos de alta frecuencia. A pesar de esta limitación, puede haber aprendido a desenvolverse tomando cualquier parte de la palabra que consiga oir y adivinando el resto por el contexo. Este impedimento suele ser oculto, haciendo que el chico parezca únicamente ausente o lento. Hasta puede pasar desapercibido, tanto por los padres como por el maestro, el hecho de que el niño se apoya al mirar los labios de los demás cuando hablan y tampoco pronuncia las palabras como es debido. Para estos casos hay una terapia especial que le ayuda al niño a comprender y aceptar su problema, pronunciar mejor y saber aprovechar más su habilidad para observar los labios.

Si opina que su grupo no aceptará la responsabilidad de no chocar unos con otros, que jueguen "Cruzadas" antes de comenzar con "Palmeo mi nombre".

VARIANTES

Utilice los apellidos .

Designe palabras (que no sean nombres) con diferente número de sílabas; que los niños formen grupos. Hágales ver si su palabra encaja con la de los otros miembros.

Designe dos canciones conocidas. Pídales a los niños que den palmadas con el ritmo y que encuentren al grupo similar.

Haga que palmeen las sílabas de su mes de nacimiento.

Pídales que palmeen cuántos hermanos y/o hermanas tienen.

Haga preguntas cuya respuesta es una sola palabra. Pídales a los alumnos que palmeen la respuesta y luego que la digan al unísono después de palmearla una segunda vez.

En las actividades de movimiento y de hacer palmadas, haga que cierren los ojos.

Véase "Nombres y gestos".

MATEMÁTICAS

Plantee algún problema de aritmética y pídales a los niños que formen rápidamente grupos con el número de personas que corresponde al número de la respuesta. Los jugadores deben seguir agrupándose hasta que todos los grupos menos uno hayan formado la respuesta. Los miembros de este grupo entonces levantan el número de manos necesarias para que al contarlas junto con el número de personas den la respuesta correcta. Las manos alzadas también indican a los demás dónde se necesitan más jugadores.

Para reforzar los conceptos de matemáticas relacionados con el juego, incluye un reto que le permita preguntarle a alguien de cualquier grupo tanto el problema como la respuesta o pedirle que conteste a una pregunta sobre el problema.

CAPACIDAD DE ATENCIÓN Y CONCENTRACIÓN: se necesita a los jugadores para los grupos; se integra a los niños

DESCARGA DE LA TENSIÓN Y DEL EXCESO DE ENERGÍA: movimiento; ayuda recibida de los demás (aprender sin sentimiento de fracaso)

AUTOCONTROL: al estar ligado al grupo

DESARROLLO DE LOS PROCESOS DEL PENSAMIENTO Y REFORZAMIENTO DE LA INFORMACIÓN APRENDIDA: la variante mejorará el pensamiento y el aprendizaje de un grupo particular

DESARROLLO SOCIAL: sentimiento de ser necesitado; cooperación

APTITUD FÍSICA: ver la variante

COMENTARIOS Y SUGERENCIAS

Esta actividad estimula la integración de todos al esforzarse por encontrar la respuesta.

El reforzamiento es posibilitado tanto visualmente como por la acción.

Para ayudarse unos a otros, se suscitan varios niveles de habilidad. Los niños reciben una retroalimentación inmediata.

Usted observará libremente quién tiene dificultades y qué tipo de interacción social se da en su grupo. Anime a los grupos a que preparen a sus miembros para las posibles respuestas a sus preguntas. Evaluar la **efectividad** del reto, ya que puede desacelerar demasiado al grupo. Conviene determinar el ritmo de una actividad: si debe ser realizada íntegramente o parcialmente; por cuánto tiempo; con énfasis en el trabajo individual o con el grupo total. No hay reglas establecidas.

Puede servir de ayuda en algunos grupos excitables el:

- ensayar primero en **cámara lenta**
- trabajar sobre el control corporal; evitar chocar (tal vez quiera considerar el "Cruzados" como actividad preliminar).

Tal vez pueda pensar en una manera de integrar los quebrados. Véase "Letras y números".

Esta actividad se utiliza además para dividir a la clase en grupos de un tamaño **específico** para otras actividades.

VARIANTES

La siguiente debe mejorar la aptitud física. Cada niño trabaja solo y los problemas deben tener respuestas representadas con movimientos amplios. Dejar que los alumnos trabajen con lápiz y papel y luego, a la señal, que se levanten y den la respuesta al unísono. Los niños responden realizando algún movimiento predeterminado —como trotar en el sitio, saltar, hacer palmas—, al tiempo que cuentan en voz alta hasta alcanzar el número de la respuesta, sentándose inmediatamente después.

Piense en otras formas divertidas de reforzar los conceptos de matemáticas.

ROÑA POR INTERCAMBIO

Aquí damos una forma de juego básico a la que le puede añadir señales apropiadas para su grupo (vea los ejemplos en "Posibilidades").

La clase se divide más o menos en dos, formando dos líneas paralelas (marcar rayas en el piso). A cada quien se le asigna una señal (número, letra, color, objeto, etc.), pudiendo asignar la misma a una o más personas de ambas hileras. Al dar la señal, el niño o niños llamados (correspondientes a las señales) tratan de cambiarse a la línea opuesta sin ser atrapados. Se le pide a alguien que dé las señales y a la vez que sea "el que la trae". La posición de éste es exactamente entre las dos hileras.

"El que la trae" tratará de ver cuántos puede apresar en el proceso de intercambio. Podría ser que la primera persona atrapada se vuelva el anunciador y perseguidor (utilizando así uno solo cada vez) para el siguiente intercambio, o bien que todos los atrapados ayuden al perseguidor inicial en el intercambio siguiente (haga lo que le parezca mejor para su grupo).

DESARROLLO PERCEPTIVO MOTOR: conciencia corporal y espacial; estimación de la distancia

CAPACIDAD DE ATENCIÓN Y CONCENTRACIÓN: rompimiento de la rutina (el juego se puede utilizar como una recompensa extrínseca hasta que los chicos sean conscientes del placer intrínseco de otras formas de involucrarse)

PERCEPCIÓN AUDITIVA: incitar a escuchar

DESARROLLO DE LOS PROCESOS DEL PENSAMIENTO: recordar información y aprender; toma de decisiones; desarrollo de estrategias

REFORZAMIENTO DE LA INFORMACIÓN APRENDIDA: material de reforzamiento selecionado por el maestro

HABILIDAD FÍSICA: manejar el cuerpo a pesar de obstáculos

COMENTARIOS Y SUGERENCIAS

Se puede asignar tantas señales como desee.

Indique a los niños que se distancien entre sí para que los corredores atraviesen sin chocar con nadie.

Según las señales que elija, prepare unos cartones con las señales para los corredores, que éstos llevarán frente a ellos, y un cartón para que el perseguidor las anuncie. Esta táctica asegura que la información sea clara, ya que todos podrán comprobar visualmente las señales. Los niños podrán hacer los cartones y esta adaptación se recomienda para grupos de niños con problemas auditivos.

Una manera rápida de dividir un grupo en dos es pedirle a cada quien que busque una pareja (alguien que esté cerca). Pídale entonces a uno que se ponga en una línea y al otro en la otra.

VARIANTES

Si dispone de un espacio limitado, puede pedirles que caminen rápidamente en lugar de correr. El caminar se define como el contacto del talón y luego de la planta del pie con el suelo en cada paso.

Este juego se puede realizar sobre tapetes (véase "Actividades con tapetes").

Para facilitar el aprendizaje de las bases del juego (antes de enseñar señales complicadas), pídales que en cada hilera se cuenten de tres en tres o de cuatro en cuatro y vaya llamando números para el intercambio.

POSIBILIDADES ADICIONALES

Haga que los alumnos le ayuden a preparar respuestas para ser asignadas como señales; por ejemplo:

HISTORIA (líderes mundiales)

- líderes del mundo que propugnan la igualdad y justicia entre los pueblos
- mujeres que son líderes mundiales actuales
- personas destacadas en la política pacifista actual

MATEMÁTICAS

- múltiples de cinco
- números divisibles por 3
- quebrados que corresponden a porcentajes; por ejemplo, $\frac{1}{4} = 25\%$

ORTOGRAFÍA

- grupos de palabras que siguen una regla de acentuación determinada
- palabras que se escriben con la v, para después repetir el juego con palabras que se escriben con la b.

CIENCIAS NATURALES

- nombres de mamíferos
- nombres de aves o peces
- nombres de mares y océanos.

Permanezca abierto a las posibilidades creativas para satisfacer las necesidades de su grupo.

IMITANDO EL RELOJ

Que los alumnos se paren frente a un reloj de cartón que el maestro ajusta para anunciar una hora, pidiendo a los pequeños que le muestren esa hora estirando lo más posible los brazos en las direcciones correspondientes. Deles tiempo para comprobar si han acertado (retroalimentación visual recibida de los demás) y entonces anuncie otra hora. ¿Podrán realizar este ejercicio sólo escuchando la hora sin ver las manecillas del reloj?

DESARROLLO PERCEPTIVO MOTOR: reconocimiento de patrones; direccionalidad; lateralidad; imitación de un movimiento

CAPACIDAD DE ATENCIÓN Y CONCENTRACIÓN: participación continua; estar al unísono con el grupo

PERCEPCIÓN AUDITIVA: el escuchar ayuda a participar (también puede retarlos a que cierren los ojos)

DESARROLLO DE LOS PROCESOS DEL PENSAMIENTO: reconocimiento de patrones; traducción de lo audiovisual en acción; retroalimentación visual inmediata

REFORZAMIENTO DE LA INFORMACIÓN APRENDIDA: práctica en decir la hora; retroalimentación y autoevaluación inmediatas

HABILIDAD FÍSICA: reproducción del movimiento

APTITUD FÍSICA: extensión del área de los hombros

COMENTARIOS Y SUGERENCIAS

Anime a los chicos a estirarse hasta donde alcanzan, ya que el estiramiento les ayuda a relajarse. Como muchas actividades de aprendizaje obligan doblar la cabeza hacia adelante, este tipo de juego ayuda a la buena alineación del cuerpo.

Explique cómo habrán de imitar la orientación del reloj (imagen del espejo) para que no confundan ni inviertan la hora. Especifíquelo con algunos ejemplos en que los pequeños siguen lo que usted hace.

Este será un buen momento para observar y diagnosticar los problemas de conocimiento espacial o para decir la hora. Yo aconsejaría la autoevaluación a través de la observación de los demás en lugar de la corrección inicial por parte de usted, ya que se puede aprender mucho en ese proceso; además, es más inmediata y probablemente consume menos tiempo. Si observa que algún niño es incapaz de emplear la autoevaluación y sigue cometiendo errores, tal vez desee trabajar posteriormente con ese individualmente para tratar de analizar la causa del problema. Si únicamente necesita práctica, otro alumno que sepa decir la hora podrá trabajar con él.

Que sujeten un lápiz o alguna extensión en una mano para designar la manecilla miniatura. Algunos grupos son capaces de mostrar la manecilla corta doblando el codo.

VARIANTES

Posteriormente que trabajen sin la ayuda del reloj o podrían cerrar los ojos, lo que incita a escuchar bien y ser más independiente al pensar.

El juego de las "Flechas" en su forma más simple se puede considerar como preliminar a esta actividad. Dibuje una serie de flechas dirigidas hacia arriba, hacia abajo, hacia la derecha y hacia la izquierda. Haga que los alumnos sigan la serie, dirigiendo ambos brazos en la dirección de la flecha designada.

Variantes de "Flechas".

- Que los niños digan la dirección (arriba, abajo, izquierda, derecha) al tiempo que apuntan
- Que apunten hacia la dirección opuesta a la de la flecha designada.

Véase "Sígueme" como juego preliminar. Que tome un alumno una posición para que los demás digan la hora que representa.

TAPETES DE COLORES

Empleando hojas de cartulina, disponga en el suelo los colores que desee reforzar o repasar. Que los niños caminen alrededor y al escuchar el nombre de un color, deben desplazarse hacia ese color. Si hay espacio, todos tratarán de ponerse sobre el color anunciado. Si el espacio es limitado, tratarán de encontrar la forma de ayudarse unos a otros a tocar de alguna manera ese color.

DESARROLLO PERCEPTIVO MOTOR: control corporal
CAPACIDAD DE ATENCIÓN Y CONCENTRACIÓN: movimiento; estar alerta
DESCARGA DE LA TENSIÓN Y DEL EXCESO DE ENERGÍA: movimiento
AUTOCONTROL: compartir
REFORZAMIENTO DE LA INFORMACIÓN APRENDIDA: identificar los colores
DESARROLLO SOCIAL: compartir el espacio, cooperar; ser responsable de no chocar con los demás
HABILIDAD FÍSICA: control corporal

COMENTARIOS Y SUGERENCIAS

Tenga varias muestras de cada color o utilice la variante de la hilera conectada (véase variantes). Todos los alumnos han de poder alcanzar o tocar el que corresponda a la respuesta.

El juego se personaliza haciendo que los chicos se turnen en llamar su color favorito

Empiece con los pequeños caminando rápidamente para saber si el material es resbaloso y podría causar algún incidente. En este caso, pruebe la segunda variante indicada abajo.

Véase "Las sillas" y "Suben, suben", para ayudar a los chicos a que aprendan a compartir.

VARIANTES

Utilice otros conceptos: números para soluciones aritméticas, estados (geografía), etc.

Las cartulinas se ponen sobre mesas, colgadas de la pared, etc. Los alumnos deben tocar y seguir en contacto con una respuesta particular hasta que se da la siguiente señal.

Cuando hay muchos de ellos, los alumnos tomarán la mano a cualquiera que lleve puesto el color anunciado. Al ir tomándose las manos, se formarán hileras alrededor del salón.

Haga preguntas cuya respuesta sea un color (p. ej.: "¿Cuando mezcles azul y amarillo obtienes ... ?). Los niños van al color que corresponda a la respuesta.

Será interesante hacer preguntas sobre estados de ánimo relacionados con color, p. ej., "¿Qué color sientes que es un color triste, un color alegre, un color tranquilo, un color llamativo, un color de día lluvioso?" Recuerda que no existen respuestas correctas, sino que las preguntas ofrecen opciones personales.

Adapte el juego a un tipo de "roña", como "Roña de intercambio" o "Tiburón". El primer niño apresado se vuelve "el que las trae" en el siguiente turno.

Desarrolle la forma básica de esta actividad para cubrir las necesidades de sus alumnos.

AVIÓN

Marque el piso en varias formas como se muestra en la figura 7-1, variando las combinaciones de letras. El alumno salta con un pie de un cuadro a otro para formar palabras.

DESARROLLO PERCEPTIVO MOTOR: equilibrio, conocimiento espacial; control corporal; lateralidad; direccionalidad; reconocimiento de patrones

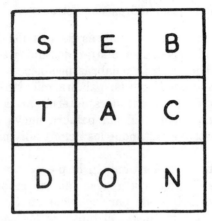

Figura 7-1

DESARROLLO DE LOS PATRONES DEL PENSAMIENTO: pensar y hacer (aplicación); tomar decisiones rápidas; traducción que utiliza la memoria; reconocimiento de patrones; secuencia; praxia; seguir directivas; resolución de problemas

REFORZAMIENTO DE LA INFORMACIÓN APRENDIDA: el material será seleccionado por el maestro o por los alumnos (véase las sugerencias)

HABILIDADES FÍSICAS: equilibrio dinámico (movimiento) y estático

APTITUD FÍSICA: ejercicio cardiorespiratorio (si es lo suficientemente largo); desarrollo de las piernas (se incitará a los chicos a que utilicen la pierna no preferida)

Cómo utilizar un patrón con los cuadros en blanco:

- saltando de un cuadro blanco a otro diciendo una serie de múltiplos 2-4-6-8, etc., 9-18-27-36, etc.
- palabras deletreadas
- recitando el alfabeto
- contando el número de saltos sin fallar
- saltando las respuestas a problemas matemáticos dados por un compañero

Cómo utilizar los cuadros con letras:

- deletreando ciertas palabras de una lista que se van anunciando (podrán trabajar dos niños solos)
- deletreando las más palabras posibles
- un alumno deletrea una palabra mientras que el otro salta, quién debe entonces determinar la palabra
- cada niño encuentra una palabra nueva en el patrón y la construye saltando; los demás adivinan cuál es.

Incite a que empleen también la pierna no preferida.

Si dispone de una tela gruesa que no resbale, haga algunos patrones sobre ella para emplear en varias ocasiones y lugares. Para este juego, el quitarse los zapatos reducirá el ruido, el lavado y el desgaste.

VARIANTES

Estudie el patrón y trate de desarrollar nuevas combinaciones para cubrir las necesidades particulares de su clase.

8

Desarrollo social

El ser humano, siendo gregario, tiende al grupo a funcionar en conjunto. Sin embargo, esta característica humana no garantiza el desarrollo de las cualidades requeridas para realizarlo efectivamente. Actualmente estamos descubriendo que el próximo paso de la evolución humana tendrá probablemente que ser, por necesidad, en el área emocional o social, en que los individuos aprendan a interrelacionarse mejor.

Los niños necesitan oportunidades para llevar a cabo relaciones sociales sólidas, en que puedan experimentar las respuestas de los demás y volverse conscientes de sus propios sentimientos.

El juego es una oportunidad importante de exponer, probar y ajustar la propia conducta social dentro de cierta seguridad; al mismo tiempo suele mejorar las propias capacidades físicas, lo que le permite al individuo integrarse más fácilmente a otras actividades.

Véase el índice para actividades adicionales relacionadas con el desarrollo social.

EL ROBOT

Todos los alumnos se ponen por parejas y uno de ellos cierra los ojos (el robot). Su compañero le dice al robot de qué modo específico se tiene que mover (hacia adelante, hacia atrás, a la derecha, a la izquierda, detenerse, avanzar, etc.), a fin de que el robot pueda avanzar hacia una meta predeterminada sin chocar con los obstáculos.

DESARROLLO PERCEPTIVO MOTOR: conocimiento del espacio; conocimiento kinestésico; praxia

CAPACIDAD DE ATENCIÓN Y CONCENTRACIÓN: no hay pistas visuales; dependencia de una fuente de información

PERCEPCIÓN AUDITIVA: el escuchar e interpretar son los medios para lograr el éxito

AUTOCONTROL: el bombardeo de estímulos es reducido; al no tener apoyo visual, el niño se desenvolverá gracias al control propio

DESARROLLO DE LOS PROCESOS DEL PENSAMIENTO: interpretación de la información; traducir las directivas en una acción apropiada; analizar la situación; estimar las distancias; generar soluciones alternativas; expresar la información

DESARROLLO SOCIAL: al aceptar la responsabilidad para otro; expresión verbal efectiva; liderazgo; confianza; riesgo; aceptar la ayuda de otro; seguirlo

HABILIDADES FÍSICAS: praxia; equilibrio; mayor apoyo en los sistemas auditivo (oído interno; contribuye al equilibrio) y kinestésico

COMENTARIOS Y SUGERENCIAS

Cualquier objeto podrá servir de obstáculo.

No se irrite si algunos sienten la necesidad de atisbar, ya que les llevará tiempo el confiar en sus compañeros o sentirse cómodos con los ojos bien cerrados. El entrever es simplemente un medio de adaptación para ellos al ir tomando mayores riesgos. Por lo general, al irse sintiendo más cómodos, irán atisbando menos y el no ver nada se volverá un reto para ellos. Cuando hacen trampa para ganar, será porque se pone demasiado énfasis en competir. Trate de estimular la cooperación más que la competencia, modificando debidamente el juego.

Ya que la confianza está implicada, tal vez desee dejar que los niños elijan a su pareja para la primera secuencia.

Manténgase vigilante por si hubiera un "robot" en peligro; no todos los niños conducirán bien.

El empezar con sólo unos cuantos robots acarreará menos confusión hasta que los alumnos se vuelvan más hábiles. Con ciertos grupos será útil una demostración previa.

VARIANTES

"Feliz aterrizaje": un "Trabajador de pista" dirige al "Avión" (su pareja) hasta una silla y le ayuda a sentarse sin peligro. Como en "El Robot", las parejas no se tocan. El avión buscará la silla a tientas, si es necesario.

Aumente el número y/o la dificultad de los obstáculos.

En lugar de palabras, los compañeros utilizan sólo sonidos predeterminados para especificar diferentes direcciones.

Ponga robots sin pareja. El robot zumba o susurra y se desplaza **lentamente** hacia una segunda fuente de sonido (bloques de madera golpeados entre sí, una campana, etc.). El objetivo es alcanzar la meta sin chocar con otro robot ya que la colisión les "desactiva" y deben entonces inmovilizarse y seguir zumbando pero sin moverse. Ahora son obstáculos que deben ser evitados por los robots que siguen activos. Como los inactivos pueden crear una barrera infranqueable, tal vez tenga que introducirse un segundo sonido durante la actividad. Se necesitará a algunos de los niños para ayudar a los robots a evitar los obstáculos estacionarios y estas personas desviarán **suavemente** a los robots de los obstáculos.

LAS SILLAS

Los alumnos se desplazan en fila o libremente por todo el salón. Cuando se para el sonido de la música, cada quien busca dónde sentarse. Como todos deben tomar asiento y siempre faltará una o más sillas, éstas se compartirán entre dos personas.

Cuando todos están sentados, empieza de nuevo la música. Como se irá reduciendo el número de sillas al pararse la música, quedan todavía menos para que el grupo se siente. El reto es ver si todos los jugadores pueden seguir sentados al decrecer el número de sillas. ¿Cuál es el menor número de asientos que se necesitan para acomodar al grupo?

DESARROLLO PERCEPTIVO MOTOR: conocimiento auditivo simple; relaciones corporales y espaciales; praxia; estimación espacial; lateralidad
PERCEPCIÓN AUDITIVA: escuchar alerta
AUTOCONTROL: cooperación necesaria
DESARROLLO SOCIAL: es una de la serie de actividades específicamente elaborada para enfatizar y estimular la interacción cooperativa en el grupo

COMENTARIOS Y SUGERENCIAS

Las sillas no necesitan estar iguales ni ordenadas de una manera formal, pudiendo estar repartidas al azar y de cualquier tipo. Los mayores podrán jugar a "Suben, suben".

Esta es una buena oportunidad para que los niños oigan varios tipos de música (empleando la radio, un tocadiscos, una pequeña grabadora, etc.).

Las sillas deben ser lo suficientemente sólidas.

Este juego puede ser seguido de "Suben, suben".

Si ve que un alumno parece referirse más al movimiento de los demás que a la música, trate de averiguar si es consciente de los estímulos auditivos, si tiene problemas de oído, o si es lento en reaccionar o moverse. Dirija juegos adicionales que impliquen esos factores como "Palmeo mi nombre".

VARIANTES

Véase "Tapetes de colores" (discriminación de los colores). El concepto básico de la cooperación es que todos los implicados superen un problema común o alcancen juntos una meta. Procure crear o convertir las actividades motrices en experiencias de aprendizaje de la cooperativa.

LAS OLAS

Disponga las sillas en un círculo apretado, dejando una silla vacía. Cuando el maestro dice: "ondeen a la derecha", el niño que tiene la silla vacía a su derecha se desliza a esa silla y todos los jugadores lo siguen. Cuando el conductor ordena: "ondeen a la izquierda", hacen lo contrario. El objetivo es "ondear" lo más rápida y armoniosamente posible.

DESARROLLO PERCEPTIVO MOTOR: lateralidad

CAPACIDAD DE ATENCIÓN Y CONCENTRACIÓN: movimiento de grupo; (es sumamente difícil no estar atento, ya que cada quien es afectado por el que está a cada lado)

PERCEPCIÓN AUDITIVA: pistas verbales (véase también la variante con el sonido)

DESCARGA DE LA TENSIÓN Y DEL EXCESO DE ENERGÍA: corriente interactiva; empujones suaves; oportunidad de moverse; acción un tanto absurda; risa; cambio de ritmo

AUTOCONTROL: cooperación de grupo

DESARROLLO DE LOS PROCESOS DEL PENSAMIENTO: se reciben pistas verbales, visuales y a veces táctiles; interpretación rápida

DESARROLLO SOCIAL: tocarse suavemente; sentirse parte del grupo

HABILIDADES FÍSICAS: medida del tiempo; praxia; equilibrio; moverse con una fuerza externa en lugar de resistirle

COMENTARIOS Y SUGERENCIAS

Se necesitan sillas sólidas sin brazos.

Empiece lentamente, ya que les suele llevar algún tiempo a los alumnos el asimilar la idea y empezar a trabajar armoniosamente. Posteriormente, cuando el grupo sea más hábil, cambie la "corriente" frecuentemente como reto a su atención y a su discriminación auditiva.

Ayudará que el maestro dé las órdenes cerca de la silla vacía.

Esta actividad será particularmente buena para los niños tímidos o retraídos. A pesar de que cada quien es parte integrante del grupo y es importante para su funcionamiento, la posibilidad de faltas individuales es reducida. Se dan muchos choques suaves, lo que permite el contacto con los demás sin poner el énfasis en el tocar. También debe tenerse en cuenta que algunos chicos tímidos y retraídos (u otros) pueden no estar preparados para este tipo de actividad, siendo ésta aún más allá de su nivel de capacidad de interacción o de su sensación de comodidad. Si le preocupa uno en particular, tal vez desee elaborar una progresión que le permita sentirse más cómodo. Si no le preocupa ninguno en particular, pero cree que uno o varios se sentirán incómodos en esta actividad, piense en darle a cada pequeño la oportunidad de no participar, tratando que el niño se una al grupo si cambia de sentimientos.

VARIANTES

El maestro tratará de sentarse en cualquier silla vacía disponible durante el "oleaje"; si logra sentarse en la silla vacía, se detiene la corriente y se designa a un nuevo conductor.

Cuando el grupo ya está funcionando bien, el conductor hará una segunda llamada cuando la corriente ya está en proceso; así se introduce un nuevo elemento para pensar y decidir.

Se puede crear una variante utilizando sonidos en lugar de palabras (véase "Sonidos y movimientos").

Las "cajas" es una variante difícil y requiere de un verdadero trabajo de equipo. El grupo se forma de pie, reproduciendo la forma de una o varias cajas. Se darán cuatro directivas diferentes: derecha, izquierda, hacia adelante, hacia atrás. El grupo se debe mover **en conjunto.** Vaya despacio al principio. Los grupos idearán estrategias para que funcione (véase "El trenecito" y "El tranvía"). Trate de combinar "Los cuatro puntos cardinales" con "Las cajas".

RELEVOS DE PRENDAS

Divida al grupo en equipos (cuatro por equipo permite que todos jueguen sin esperar demasiado). A cada equipo se le da una o varias prendas de vestir. A la señal, cada equipo viste a uno de sus miembros. Esta persona da la vuelta lo más rápidamente posible a un punto designado y regresa a su lugar en el equipo. Entonces lo desvisten para vestir al siguiente miembro del equipo. Se sigue este proceso hasta que todos hayan terminado; el equipo indica que ha terminado sentándose y alzando las manos.

DESARROLLO PERCEPTIVO MOTOR: conocimiento corporal; imagen corporal; coordinación; conciencia espacial (relaciones); percepciones corporales (para este propósito se elimina el aspecto competitivo)

DESCARGA DE LA TENSIÓN Y DEL EXCESO DE ENERGÍA: absurdo y divertido; excitación; oportunidad de moverse

AUTOCONTROL: se necesita mínimamente pero aún contribuye a alcanzar la meta

DESARROLLO SOCIAL: ayudarse unos a otros; apresurarse pero seguir siendo considerado individualmente; trabajar con un equipo flexiblemente organizado; reirse de los demás y con los demás

COMENTARIOS Y SUGERENCIAS

Trate de dar prendas equivalentes a cada equipo.

Especifique reglas básicas, tales como: todos los botones de los suéteres deben ser abrochados; las cachuchas bien puestas, los zapatos atados. Los niños que tengan reales dificultades con la percepción corporal se beneficiarán de una actividad algo similar; el objetivo sería vestir **totalmente** a cada miembro del equipo (aprobado por el maestro) sin el factor del tiempo limitado. Todos los miembros del equipo deben ayudar. Tal vez se puedan utilizar una camisa con botones, un pantalón y un par de zapatos que se aten.

VARIANTES

"Relevo de camisetas" (mejor camisetas grandes): se le da una sola camiseta a cada equipo. Uno de los miembros tiene puesta la camiseta. El siguiente miembro se coge de las manos con el que lleva la camiseta mientras que los otros dos voltean la camiseta (lo de dentro hacia afuera), quitándosela al primer jugador y poniéndosela al segundo sin que suelten las manos. Este jugador inmediatamente se coge de las manos con el tercer jugador del equipo, y el proceso continúa. Tan pronto como el primer jugador tiene la camiseta puesta otra vez, todos se sientan. En algunos casos habrá que tener cuidado de asegurarse de que sólo le quiten la camiseta; tal vez sea necesario que ésta sea una regla de base.

EL NUDO HUMANO

Por lo general, trabajan juntos diez o doce participantes. El grupo está de pie en círculo hombro con hombro. Todos deben llegar al centro y tomar una mano en cada una de las suyas. El grupo trata entonces de desenmarañar sin soltarse de las manos. Se permite que las manos giren las unas en relación a otras.

CAPACIDAD DE ATENCIÓN Y CONCENTRACIÓN: el grupo entero está ligado entre sí y trabaja sobre un solo problema

AUTOCONTROL: las manos están unidas; se debe permanecer en el grupo, escuchar las ideas de los demás, tratar de contribuir, enfrentar las frustraciones

DESARROLLO DE LOS PROCESOS DEL PENSAMIENTO: resolución de problemas; enfrentar relaciones espaciales complejas, causa y efecto, intento y error

DESARROLLO SOCIAL: interacción y evaluación sociales (algunos maestros invitan comentarios después de la actividad)

COMENTARIOS Y SUGERENCIAS

Esta es una situación de aprendizaje en la que el alumno podrá evaluar y tomar decisiones respecto a cuál interacción será más efectiva y modificar su propia conducta.

Será divertido si cada quien intenta tomar las manos de dos participantes diferentes.

Aunque se ha sabido de grupos grandes (de veinticuatro a veintisiete personas) que han logrado hacer el "Nudo humano", con niños o con gente que se inicia, será mejor conservar un grupo pequeño. Los grupos grandes se podrán dividir en grupos pequeños que trabajan por separado.

Esta actividad requiere perseverancia, por lo que no será apropiada para un niño pequeño o para un grupo que se sienta fácilmente frustrado. Si desea jugar a este juego con tales personas, reduzca el grupo a cinco o menos. En caso de que un grupo no se pueda desenmarañar, utilice una "ayuda al nudo", p. ej., simplemente soltar las manos, que se vuelven a unir de manera más fácil y el grupo trata de nuevo de deshacer el nudo.

EL COCHE Y EL CONDUCTOR

Los alumnos se ponen por parejas; uno de ellos (el conductor) se pone detrás del otro (el coche). Los jugadores designados como coches cierran los ojos. Los conductores dirigen, detienen y arrancan los coches sólo con sus manos, poniéndolas sobre los hombros de su pareja. Después los niños cambian de posición.

Empiece haciendo que los conductores dirijan a los coches alrededor de algún obstáculo. Luego, cuando vayan teniendo experiencia, los coches podrán atravesarse en el camino unos de otros. Se debe respetar la prioridad (la persona de la derecha). Los coches podrán hacer un ruido leve como pitido. A partir de estas bases para comenzar, siéntase libre de crear y de elaborar conforme a las necesidades de su grupo.

CAPACIDAD DE ATENCIÓN Y CONCENTRACIÓN: involucración constante

DESCARGA DE LA TENSIÓN Y DEL EXCESO DE ENERGÍA: sensación de alivio de otras tensiones

AUTOCONTROL: confianza; responsabilidad sobre otro (el autocontrol será difícil de manejar)

REFORZAMIENTO DE LA INFORMACIÓN APRENDIDA: concepto de la prioridad

DESARROLLO SOCIAL: confianza; responsabilidad sobre otro; asumir el papel de dirigir o de seguir; no chocar con los demás; sensibilidad al miedo o a la indecisión de otro

COMENTARIOS Y SUGERENCIAS

El "Entrecruzado" y el "Robot" serán buenas actividades preliminares a éstas.

Los "coches" se sentirán más cómodos si se les permite extender los brazos hacia adelante.

Como actividad final tranquilizante, jugar el "Entrecruzado" en la variante del tarareo, utilizando un "bip-bip" suave. Los jugadores que se chocan quedan "inutilizados por accidente", y aunque siguen pitando suavemente, deben permanecer inmóviles. El objetivo de la actividad podría ser el partir de una pared y tratar de avanzar hacia un sonido particular —campana, ruido de cucharas, etc.—, que podría ser estacionario o desplazarse.

Se deberá recalcar la habilidad más que en la velocidad o en el ganar.

VARIANTES

Disponga a los participantes sobre cuatro lados en un espacio abierto. Que partan dos lados opuestos; luego los otros dos lados. Posteriormente, los cuatro lados podrán conducir al mismo tiempo. Si dos coches se tocan, ha ocurrido un accidente y ya no se moverán del escenario (un obstáculo más que los demás conductores deben rodear). Puede crear el papel de la persona que toca el "coche" (reporte y reparación), que es entonces libre de volverse a mover.

"SUBEN, SUBEN"

Designe una superficie (tela, camiseta, tablón, tocón de árbol, llanta, plataforma, etc.), sobre la cual todos los niños deben mantenerse al mismo tiempo (el equilibrio sobre un pie está permitido). Para triunfar, el grupo tiene que mantenerse en equilibrio durante unos diez segundos (se cuenta mil ciento uno, mil ciento dos, etc., hasta mil ciento diez).

DESARROLLO PERCEPTIVO MOTOR: conocimiento del cuerpo; conocimiento kinestésico; equilibrio

DESCARGA DE LA TENSIÓN Y DEL EXCESO DE ENERGíA: concentración sobre la meta; resolución de problemas en grupo; esforzarse por el éxito del grupo

AUTOCONTROL: aportar contribuciones; ser paciente; perseverar

DESARROLLO DE LOS PROCESOS DEL PENSAMIENTO: posible reconocimiento del equilibrio entre varias fuerzas y las relaciones; cierto conocimiento de la relación de causa a efecto

REFORZAMIENTO DE LA INFORMACIÓN APRENDIDA: se puede relacionar con el estudio del equilibrio o de la nivelación

DESARROLLO SOCIAL: contribuir y escuchar (compartir ideas); ser paciente con los demás, ayudar y recibir ayuda

HABILIDAD FíSICA: equilibrio

COMENTARIOS Y SUGERENCIAS

El "Nudo humano" podría ser una buena actividad preliminar.

Piense en cuántos jugadores deberá haber por grupo. Podría ser útil disponer de material para varios grupos; luego, cuando se vayan volviendo más hábiles, haga el grupo más grande o la superficie más pequeña.

Se utiliza una superficie de apoyo que sobresalga del suelo (p. ej., una plataforma, un tocón de árbol cortado), asegúrese de que sea sólida y de que no haya obstáculos peligrosos a su alrededor.

Las superficies que suelen rodar o moverse cuando el grupo esté encima son por lo general demasiado peligrosas.

Si su grupo aprecia este tipo de actividad vea "Sube y baja".

A veces se mejora la resolución de problemas inventando una historia alrededor del problema específico (p. ej., la marea se desborda y cubre la superficie de la tierra y la única forma que el grupo tiene de salvarse es estando todos a bordo de la tabla).

VARIANTES

Casi cualquier objeto del tamaño adecuado puede ser utilizado mientras sea seguro y le proporcione al grupo un problema que resolver.

También servirá una zona marcada sobre el piso o el suelo.

En lugar de pararse sobre algo, todos podrían tratar de tocar el mismo objeto, como un libro o una persona específica; como esta variante requiere menos contacto, será preferida por algunos. Con la misma modificación, al tocar el objeto los jugadores no podrán tocar a nadie más; esto es mucho más difícil.

Usar un tablón largo.

Si su grupo se vuelve hábil, tal vez quieran ser cronometrados para ver si pueden ganarle al reloj al realizar la tarea.

LA TORTUGA

Dos o más alumnos (que se ponen a gatas) se cubren con una tela o sábana (si no disponen de tela, podrán cerrar los ojos). Los niños tratan de avanzar juntos en una sola dirección; en el primer intento, suelen ir en varias direcciones a la vez y la tela cae al suelo. Sea paciente y anímelos a que traten nuevamente. El objetivo del juego es trabajar juntos para moverse como una unidad.

DESARROLLO PERCEPTIVO MOTOR: relaciones corporales y espaciales; conocimiento del espacio y de las relaciones

CAPACIDAD DE ATENCIÓN Y CONCENTRACIÓN: los niños están bajo una cubierta y pocas otras cosas los distraen; la concentración en la solución (en tanto que grupo) se puede dispersar un tanto hasta que aprendan a trabajar juntos

AUTOCONTROL: comunicación, planeación y compromiso; retroalimentación inmediata y obvia; involucramiento sostenido

DESARROLLO DE LOS PROCESOS DEL PENSAMIENTO: explorar las posibilidades; generar alternativas; tomar decisiones; idear un plan; evaluación progresiva

DESARROLLO SOCIAL; cooperar (esforzarse hacia una meta común); dirigir y seguir; adaptación y compromiso

COMENTARIOS Y SUGERENCIAS

Este tipo de actividad se modifica de muchas formas: especificar hacia dónde o qué tan lejos los niños deben tratar de ir en los primeros intentos (p. ej., alrededor del salón, hacia alguna pared): variar en cuanto a la estructura y el número de niños bajo la tela cada vez.

El modo en que presenta y estructura el juego suele tener resultados interesantes. ¿Qué es lo que intenta realizar? Siente que debe ser paciente y observar, ¿o debe especificarse más el problema? ¿Será diferente según el grado de frustración y el nivel de tolerancia de un grupo particular? ¿Deberá establecer metas progresivas, o pueden hacerlo los niños?

Deberá tener en cuenta el calor que haga bajo la tela cuando los niños estén amontonados debajo.

VARIANTES

Si desea facilitar el conocimiento del espacio, establezca un punto específico hacia el que "la tortuga" trata de llegar. Si el objetivo es el conocimiento del espacio, más que la cooperación, los niños pueden trabajar individualmente.

Puede dirigir a "la tortuga" de varias maneras, según su objetivo (p. ej., moverse sin pistas exteriores; moverse en dirección a un sonido; que un niño que está viendo dé ayuda de alguna manera; que sigan algunas pistas táctiles).

Los alumnos conectados entre sí de alguna forma (agarrándose a una cuerda o tela) pueden cerrar los ojos o utilizar vendas. Algunos grupos de niños mayores podrían sentir que el gatear es infantil; tal vez esta actividad se pueda realizar de pie, en tal caso tal vez prefiera cambiar el nombre. Este juego tiene posibilidades creativas. ¿Cómo puede modificarla para cubrir las diferentes necesidades de su grupo?

"¡BASTA!"

Mientras que un equipo se pone en fila, el otro se esparce por su campo. El primer jugador echa la bola (golpeándola, lanzándola o pateándola) hacia el campo y empieza a rodear a los miembros de su equipo. Cada vez que pasa frente a la fila, se marca una carrera y él sigue corriendo. El primer chico o chica del otro equipo que alcanza la pelota la recoge, mientras que sus compañeros se alinean detrás de él. Se pasan la pelota el uno al otro por encima de la cabeza y cuando el último de la fila recibe la pelota, corre hasta el frente de la fila y todos se sientan gritando:

¡"Basta!". A partir de ese momento, aquel que lanzó la pelota ya no podrá apuntar más carreras.

CAPACIDAD DE ATENCIÓN Y CONCENTRACIÓN: aprender a estar atento y a concentrarse selectivamente; movimiento e integración

AUTOCONTROL: trabajar en conjunto como una unidad

DESARROLLO DE LOS PROCESOS DEL PENSAMIENTO: evaluar constantemente una situación que evoluciona; aplicar apropiadamente una información constante; utilizar estrategias individuales y de equipo

DESARROLLO SOCIAL: participar como miembro de un equipo; compartir; esperar su turno; comprometerse; contribuir; dirigir y seguir; jugar limpiamente; pertenecer; hacer lo mejor posible

HABILIDADES FÍSICAS: cachar y golpear; velocidad (tiempo de reacción y de movimiento reducido)

COMENTARIOS Y SUGERENCIAS

Esta es una buena actividad para realizar en el patio de recreo, si se dispone de poco espacio utilice un balón de playa o una pelota de estambre.

Incite a los alumnos a que piensen en estrategias si juegan durante varios períodos este juego:

- hacia dónde dirigir la bola
- cómo hacer que el que lanza dé más vueltas
- cómo trabajar mejor en conjunto.

No se preocupe por el cambio de campo; deje que los equipos actúen en el suyo, ya que el alternar es un proceso lento que consume un tiempo de juego importante y no es necesario en esta actividad.

EL TRENECITO

Los niños (en grupos de dos, tres, cuatro o cinco) forman varias filas, poniendo las manos en la cintura o sobre los hombros de la persona que tiene delante. Entonces tratan de avanzar al mismo tiempo.

DESARROLLO PERCEPTIVO MOTOR: lateralidad; direccionalidad; reproducción de un movimiento; praxia; conocimiento del espacio; control del tiempo

CAPACIDAD DE ATENCIÓN Y CONCENTRACIÓN: estrecha conexión con los demás; proximidad de la solución posible

AUTOCONTROL al funcionar como parte del grupo

DESARROLLO DE LOS PROCESOS DEL PENSAMIENTO: se generan soluciones alternativas; toma de decisiones en grupo; observación cuidadosa; estimación del tiempo y la distancia (extrapolación); planeación motriz; evaluación constante

DESARROLLO SOCIAL: trabajar con los demás hacia una meta común (cooperación, trabajo de equipo); hacer sugerencias; expresarse eficazmente; escuchar e influir en las ideas de los demás

HABILIDADES FÍSICAS: control del tiempo (llevar el paso); ritmo; reproducción del movimiento; observar el movimiento de otro

COMENTARIOS Y SUGERENCIAS

Al usar el juego como relevo, todos bajan las manos (cuando han alcanzado la meta), se voltean y ponen las manos en la persona que está ahora delante de ellos (habiendo así invertido la fila), y regresan a su punto de partida. Tratar de hacer dar la vuelta a grupos de tres, cuatro o cinco, es algo difícil en un espacio limitado. Tenga en cuenta que la competición antes de haber desarrollado la habilidad y la cooperación reducirá el desarrollo de estos componentes.

Será mejor dejar que los niños descubran la manera adecuada de moverse. Si han jugado al "Juego del espejo", esta actividad será más fácil para ellos, al haber desarrollado su habilidad para seguir el paso y los movimientos de otro.

VARIANTES

Empezar con dos trabajando juntos, luego tres, cuatro y cinco. Tal vez dejar que los niños caminen alrededor del salón hasta que se acostumbren a moverse juntos.

Que traten de jugar sin tocarse unos a otros (para muy diestros)

Que todos menos el conductor cierren los ojos.

Véase "Las olas", "El tranvía" y "Las cajas".

EL TRANVÍA

Se ponen dos tiras de tela paralelas sobre el suelo. Partiendo de aproximadamente un metro del extremo de adelante, de dos a seis niños se ponen de pie sobre la tela, todos con el pie izquierdo sobre una, y el derecho en la otra. El primero de la fila recoge la tela sobrante y la levanta hasta los muslos; todos tratan entonces de sincronizar sus pasos para avanzar.

DESARROLLO PERCEPTIVO MOTOR: conocimiento temporal

CAPACIDAD DE ATENCIÓN Y CONCENTRACIÓN Y RELAJAMIENTO DE LA TENSIÓN: atención y concentración en las zancadillas; crea la sensación de un propósito común

AUTOCONTROL: experiencia de autocontrol con un objetivo divertido

DESARROLLO DE LOS PROCESOS DEL PENSAMIENTO: análisis; generación de soluciones alternativas; síntesis; praxia; aplicación apropiada de la información; observación minuciosa, evaluación y ajuste

DESARROLLO SOCIAL: escuchar a los demás; contribuir; expresarse eficazmente; afectar las decisiones del grupo y ser parte de ellas; funcionar como una unidad para cumplir un propósito; fallar y triunfar con otros; evaluación en tanto que grupo

HABILIDADES FÍSICAS: control del tiempo (ritmo y sincronización del paso con el de los demás); ajustarse a fuerzas externas; equilibrio

COMENTARIOS Y SUGERENCIAS

Se necesitan tiras de tela de aproximadamente diez a quince centímetros de ancho y lo suficientemente largas para que quepan de dos a seis participantes, uno tras de otro, con un metro de tela para que "el conductor" lo agarre. Los "pasajeros" se agarran de la cintura, lo que ayuda a seguir el paso y a mantener el equilibrio. Debido a que cuanto mayor sea el número de pasajeros, más difícil es el juego, empiece con sólo unos cuantos y permitirles que añadan más cuando se sientan dispuestos.

Una pequeña dramatización mejora el juego.

Resulta divertido, mientras se hace el ejercicio recitar o cantar alguna rima como la siguiente:

Mañana domingo
se casa Benito
con un pajarito.
    ¿Quién es la madrina?
Doña Catalina.
    ¿Quién es el padrino?
Don Juan Botijón.

Figura 8-1

VARIANTES

Se pueden utilizar tiras de papel periódico para dos o tres participantes, pero tal vez necesite reforzarlas con masking tape.

Algunos jugadores han utilizado tablas de madera (de aproximadamente cinco centímetros por diez y dos metros de largo) con cuerdas de mano fijadas en el "tranvía" para cada participante.

Se pueden utilizar tiras de alfombra, y tal vez un par de pantalones viejos o de cubretoldos.

9

Capacidades físicas

Las habilidades físicas se desarrollan mediante prácticas apropiadas. Se le puede ayudar a un niño a adquirir habilidades tales como:

* control corporal y adaptabilidad
* habilidad para manejar una situación y responder adecuadamente
* funcionamiento eficaz bajo tensión
* las utilizadas en los deportes básicos
* destreza manual
* mayor precisión
* manipulación de objetos
* viveza
* control del tiempo
* ajuste a fuerzas externas
* agilidad
* habilidad para detenerse y arrancar rápidamente.

Las actividades motrices suelen influir en los diferentes factores que incrementan el nivel de aptitud física del niño:

* resistencia cardiovascular
* resistencia respiratoria
* resistencia muscular
* desarrollo de los hombros
* desarrollo abdominal
* flexibilidad, amplitud de movimiento
* capacidad de relajarse
* correcta alineación del cuerpo.

Tanto la habilidad como la adecuación física suelen hacer que un niño se sienta más competente, tenga mayor éxito, y se integre a los grupos sociales con cierta facilidad.

La satisfacción personal que obtiene el niño por ser capaz de hacer algo bien es un factor importante en el concepto que tiene de sí mismo. En otras palabras, el desarrollo motor —al igual que el desarrollo mental— es vital desde el punto de vista de la salud mental.

Bela Mittelman, del Departamento de Psiquiatría de la Facultad de Medicina de la Universidad de Nueva York, ha anotado el potencial tanto negativo como positivo de lo físico en su estudio sobre la motricidad: "Un funcionamiento motor inadecuado que suscite comentarios despreciativos o el rechazo por parte de los padres o de otros niños puede ser una de las causas más significativas del sentimiento de inadecuación." Mientras que "... una solución adecuada al problema motor se recibe con alegría y conduce a la repetición."

Las actividades motrices pueden servir como fuente del desarrollo de las capacidades físicas y la conservación de la adecuación física, y deben ser seleccionadas con estas miras.

EL JUEGO DEL COSTAL

Se pone el costal en el suelo en el centro del área de juego. Se coge a un guardián, que puede inmovilizar a cualquier niño con sólo tocarlo. Así, todos tratan de robar el costal sin ser atrapados. Si un jugador roba el costal, se vuelve el nuevo guardián. Los niños atrapados deben permanecer inmóviles (encantados) hasta que el costal haya sido robado o todos inmovilizados. Si el guardián inmoviliza a todos antes de que ninguno haya robado el costal, se declara "guardián destacado" y él seleccionará a otro para reemplazarlo.

DESARROLLO PERCEPTIVO MOTOR: ajuste rápido; responder a una situación constantemente cambiante (planeación y adaptación motrices; desarrollo neuromuscular)

CAPACIDAD DE ATENCIÓN Y CONCENTRACIÓN: atención selectiva e implicación

DESCARGA DE LA TENSIÓN Y DEL EXCESO DE ENERGÍA: riesgo; implicación

DESARROLLO DE LOS PROCESOS DEL PENSAMIENTO: estrategias individuales, de parejas y de grupo; manejo y reacción rápidos; importante planeación motriz o praxia

HABILIDADES FÍSICAS: habilidad de guardián; rápido ajuste corporal; agilidad; control corporal; coordinación de ojos, manos y objeto; regateo; mejora del tiempo de reacción; desarrollo muscular

COMENTARIOS Y SUGERENCIAS

Con el tiempo, las estrategias empiezan a evolucionar, tanto individuales como colectivas.

Según vayan familiarizándose los niños con la actividad e incrementando su habilidad, puede dividir al grupo en módulos, estimulándolos a que dirijan su propio juego.

VARIANTES

Es divertido realizar este juego al interior sobre el piso, pero también se puede jugar al exterior.

Aunque muchos grupos serán lo suficientemente estimulados con un solo costal, es posible añadir otro, así como un guardián adicional, si siente que ello va a aportarle algo más a la actividad. (Recuerde: se debe cambiar un juego **en la medida en que ello enriquezca** la actividad.)

PING-PONG SOPLADO

Los niños se tienden boca abajo en dos filas una frente a otra. Ponen las manos bajo la barbilla y extienden los codos hacia los lados, formando una línea recta con los compañeros de equipo. Se pone una pelota entre las dos filas. Cada equipo trata de soplar sobre la pelota para que cruce la línea de los oponentes de alguna forma.

Figura 9-1

DESCARGA DE LA TENSIÓN Y DEL EXCESO DE ENERGÍA: risa; se ejercitan los músculos de la espalda y el cuello

DESARROLLO SOCIAL: ser miembro de un equipo; se elimina el sentimiento personal de inadecuación (al ser elegido el último o ser responsable de perder el juego)

APTITUD FÍSICA: ejercitación de la parte superior de la espalda y del cuello; ejercicio respiratorio

COMENTARIOS Y SUGERENCIAS

Se puede utilizar una pelota de Ping-Pong o algún objeto pequeño, ligero y redondo, como una pelota hecha de papel chino y ligas de goma.

Si los niños van a estar en el piso, éste debe estar limpio. Este juego se puede jugar sobre una mesa. Sólo la barbilla se pone sobre la mesa.

Esta actividad puede ser particularmente valiosa para los niños con retraso, asmáticos o físicamente minusválidos, ya que a veces tienen una oportunidad de juego limitada para desarrollar un sistema respiratorio fuerte. Estos niños sufren con frecuencia de más infecciones respiratorias que los demás niños (véase también la variante de la respiración en "El Juego del Plato de Cartón").

El "Ping-Pong Soplado" ha sido jugado por pacientes encamados en hospitales. Las camas se arriman a una mesa, los pacientes se voltean boca abajo, y empieza el juego. Ya que se trata de músculos poco utilizados, son importantes los períodos de descanso y la duración de la actividad tal vez tenga que ser muy breve durante las primeras sesiones.

Una línea marcada con **maskin tape** puede ser útil si los niños tienen dificultades en determinar los goles.

Tal vez no se deba usar este juego en época de gripas y catarros.

Si los niños tienden a escupir, unos popotes cortos o cortados en dos suelen reducir este problema.

VARIANTES

Se podrá jugar con prácticamente cualquier objeto ligero que ruede. Si el objeto es de forma irregular o tiene algún peso (por ejemplo un globo con un botón o un frijol dentro), será incluso más divertido. Originalmente se vaciaban huevos para soplar.

Para niños que soplan fuerte, tal vez necesite una pelota más pesada o aumentar la distancia entre las filas.

Puede dividir el grupo en módulos y organizar un pequeño torneo.

Utilizar dos objetos por grupo.

Se puede jugar sólo dos personas.

Hacer un juego como el golf (soplando el objeto a una taza) en lugar de ser equipo contra equipo.

Los jugadores pueden tirar la pelota soplándola de la mesa a una papelera o canasta.

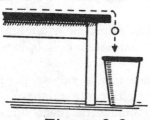

Figura 9-2

BRINCO JAPONÉS

Divida a los jugadores en grupos de cuatro, cinco o seis (los grupos demasiado grandes tienden a hacer que demasiados niños estén esperando su turno).

Cada grupo tiene un pequeño objeto (p. ej., un botón, un gis). Indique quién va a empezar en cada grupo. Los otros tres a cinco jugadores se alinean hombro con hombro (pero sin tocarse), mirando en la misma dirección, con las manos abiertas detrás de la espalda. El jugador que tiene el objeto va del uno al otro, tocando las manos de cada niño. En las manos de uno deja caer el objeto. Éste da un brinco entonces hacia adelante, mientras que los jugadores que tienen a cada lado tratan de estirarse para tocarlo. El que salta y logra que no lo toquen, o el que logra tocarlo, se vuelve entonces el siguiente jugador que dejará caer el objeto.

CAPACIDAD DE ATENCIÓN Y CONCENTRACIÓN: mantenerse alerta y concentrar la atención sin un reforzamiento frecuente; oportunidad inmediata de probar nuevamente

HABILIDADES FÍSICAS: mejora del tiempo de respuesta a una información visual

COMENTARIOS Y SUGERENCIAS

Los jugadores pueden eventualmente cambiar de lugar para estar junto a alguien diferente.

Si siempre triunfan las mismas personas, pídales a los que ya han tenido dos turnos que cierren las manos para que no vuelvan a recibir el objeto hasta que los demás hayan tenido su turno.

Tal vez desee hacer una demostración con un grupo y entonces dejar probar a los demás. Esto les permite practicar la organización propia.

Puede utilizar una línea (el dibujo del piso o si es de madera, la rendija entre dos tablas), para indicar hasta dón-

de tiene que llegar el que haya recibido el objeto para estar
a salvo. Esta línea sólo tiene que estar fuera del alcance
de los demás jugadores.

SIMÓN DICE...

Se pone un niño frente a todos los demás (o se pueden
formar en círculo). Todos los jugadores levantan bien alto
los brazos por encima de la cabeza y dan tres palmadas. El
conductor baja rápidamente un brazo hasta la paralela al
suelo. Todos los demás tratan de imitar este movimiento
utilizando el mismo brazo que el conductor. Permita a cada
conductor unos tres turnos.

DESARROLLO PERCEPTIVO MOTOR: agudeza visual (percepción perspicaz); conocimiento corporal; lateralidad; imitación de
un movimiento
CAPACIDAD DE ATENCIÓN Y CONCENTRACIÓN: implica-
ción activa; sencillez; información singular; estímulo visual repentino; evaluación inmediata; frecuencia; brevedad (no se requiere
una concentración constante, el niño puede aprender a medir el
tiempo entre un estado de alerta y otro).
AUTOCONTROL: funcionar bajo una tensión predeterminada
DESARROLLO DE LOS PROCESOS DEL PENSAMIENTO:
manejo rápido de la situación y toma de decisiones
HABILIDADES FÍSICAS: conocimiento corporal; imitación de
un movimiento; mejora del tiempo de reacción
APTITUD FÍSICA: extensión de los músculos del pecho

COMENTARIOS Y SUGERENCIAS

La agudez visual y la interpretación rápida son cualida-
des importantes.
"Sígueme" puede ser una buena actividad preliminar.
Este juego puede ser utilizado como una breve pausa.
El estirarse descarga la tensión muscular.

La extensión periódica de los músculos pectorales ayudan a evitar los hombros encorvados.

VARIANTES

Utilice otros movimientos de los brazos, hacia el lado, doblando el codo, etc.

Utilice los brazos y una pierna.

Juegue a "Muéstrame la hora", con pistas auditivas y no visuales. "Flechas" puede ser una actividad preliminar.

¿Cuáles son las necesidades de su grupo? ¿Puede crear variantes que cubran esos requisitos?

JUEGOS CON TAPETES

Haga que cada niño (que no sea minusválido) se ponga de pie sobre un pedazo de tapete. Para moverse el niño debe "retorcerse" rotando las caderas. Los niños pueden jugar así todo tipo de juegos de atrapar y de arrebatar, relevos, etcétera.

DESARROLLO PERCEPTIVO MOTOR: control corporal (equilibrio y coordinación); conocimiento kinestésico

DESCARGA DE LA TENSIÓN Y DEL EXCESO DE ENERGÍA: movimiento; contorsión; extensión; diversión; concentración

DESARROLLO SOCIAL: indicado para los niños con limitaciones motrices (véase "Comentarios y Sugerencias"); el grupo podría conversar acerca de las limitaciones físicas y sus sentimientos hacia quienes las tienen

HABILIDAD FÍSICA: equilibrio dinámico (movimiento)

ADECUACIÓN FÍSICA: desarrollo abdominal; entrenamiento vigoroso; resistencia cardiovascular

COMENTARIOS Y SUGERENCIAS

Las tiras de tapete son de aproximadamente doce centímetros por veinticuatro.

Esta actividad fue originalmente elaborada para permitirle participar a una persona que estaba parcialmente paralizada y caminaba con muletas y aparatos ortopédicos en las piernas. El poner a todos los demás sobre tapetes emparejaba de alguna manera a los participantes. El niño podía desplazarse con sus muletas casi tan rápidamente como los demás en las tiras de tapete. El voltear el tapete hacia abajo dependerá del nivel de habilidad de su grupo.

Da mejor resultado el tipo de tapete con alguna fibra en el lado del revés y no con revestimiento de hule.

El tamaño del tapete deberá cambiarse en función de las necesidades de su grupo.

Los tapetes permiten un nivel importante de actividad vigorosa en un pequeño espacio.

VARIANTES

"Eskí de Tapete": Para realizar actividades con tapetes con niños muy pequeños o menos experimentados puede probar un pedazo de tapete bajo cada pie y dejarlos moverse como si estuvieran patinando.

Todos los juegos siguientes se pueden realizar con tapetes:

Cruzados	Relevo de ropa
Roba la prenda	Juego de la cuerda
Tiburón	La ardilla en el árbol
Roña por intercambio	

Es importante utilizar los tapetes sólo en actividades en que la mayoría de los niños están activos y no esperando su turno.

Los niños podrían sentarse en trozos más grandes de tapete y ser jalados o empujados por otros.

ENCANTADOS

Los jugadores empiezan a moverse, lentamente al principio. Se les estimula a aumentar la actividad y el tipo de movimientos que están utilizando. A la señal de "encantados", todos tratan de inmovilizarse inmediatamente y mantener la postura "congelada" hasta que se dice "desencantados".

DESARROLLO PERCEPTIVO MOTOR: control corporal (equilibrio); conocimiento kinestésico; relaciones corporales y espaciales; conocimiento espacial (estimación y relaciones)

CAPACIDAD DE ATENCIÓN Y CONCENTRACIÓN: retos; necesidad de estar alerta; habilidad para tomar una postura

DESCARGA DE LA TENSIÓN Y DEL EXCESO DE ENERGÍA: concentración; implicación personal; opciones; oportunidad de aprovechar ocasiones

AUTOCONTROL físico y emocional

DESARROLLO DE LOS PROCESOS DEL PENSAMIENTO: crear; tomar decisiones

HABILIDADES FÍSICAS: equilibrio dinámico (movimiento) y estático

COMENTARIOS Y SUGERENCIAS

El control corporal y el equilibrio son capacidades importantes. Todo movimiento se basa en ellos, y muchos accidentes serios pueden ser evitados al desarrollar estas capacidades.

VARIANTES

La actividad se realiza en cámara lenta. Cada jugador o jugadora se reta a sí mismo(a) con movimientos difíciles.

Los niños están por parejas; uno de ellos se mueve en cámara lenta mientras que el otro anuncia las señales.

Ponga música, como en las sillas rusas. Cuando la música se para, los niños se inmovilizan. Se "desencantan" cuando la música comienza de nuevo.

Cuando el conductor dice "encantados" y "desencantados", las parejas se mueven al unísono (algo así como en el "Juego del espejo") en cámara lenta.

Los niños se ponen algo sobre la cabeza. Todos tratan de moverse creando las posturas más difíciles que puedan idear. Si el objeto sobre la cabeza se cae, ese jugador queda "encantado" hasta que otro, mientras sigue participando, logre volver a ponerlo sobre la cabeza del niño.

Puede agregar este reto para cualquier niño que lo quiera aceptar: "¿Puedes mantener tu postura con uno o ambos ojos cerrados?"

RELEVO CHINO

Los niños forman equipos de tres o cuatro. Cada equipo tiene un vaso de papel, que puede ser mantenido en equilibrio en diferentes partes del cuerpo en cada relevo (p. ej., la cabeza, la frente, el codo, la mano, los dedos del pie). Cada jugador avanza hacia la línea designada y regresa a su equipo. Este paso se repite hasta que todos hayan completado la tarea. Si se cae el vaso, el jugador debe detenerse, recuperar el vaso, y continuar. De otra manera, el vaso no se puede tocar.

DESARROLLO PERCEPTIVO MOTOR: conocimiento corporal; conocimiento táctil (se recibe la información a través del sentido del tacto)

CAPACIDAD DE ATENCIÓN Y CONCENTRACIÓN: problema específico que requiere atención constante

AUTOCONTROL: físico y emocional; los niños deben conocer sus limitaciones

DESARROLLO SOCIAL: responsabilidad ante el grupo; sensación de pertenecer a un equipo; participar dentro de las reglas

HABILIDAD FÍSICA: control corporal

COMENTARIOS Y SUGERENCIAS

Como la prisa parece reducir la posibilidad de cubrir algunos objetivos válidos (control y conocimiento corporal), a veces he cambiado el enfoque de correr por el de ser capaz de completar la tarea dentro de cierta cantidad de tiempo, con las menos caídas de la taza posibles. Trato de dar tiempo suficiente para evitar la necesidad de precipitarse, pero también de evitar que uno o dos niños jueguen tan lentamente que el resto del grupo esté obligado a esperar demasiado tiempo.

Que cada grupo se siente al terminar su tarea. Los niños deben tratar de desarrollar nuevas posturas de equilibrio para la taza mientras esperan que terminen los otros equipos.

Que los niños hagan sugerencias sobre cómo y sobre qué parte del cuerpo se puede mantener la taza en equilibrio. En esta actividad el niño debe concentrarse sobre la taza pero también seguir consciente del espacio que lo rodea. Esta es una habilidad importante, y es utilizada para ganar en muchos deportes.

VARIANTES

Se puede poner tanto el lado ancho de la taza como el estrecho sobre la parte del cuerpo utilizada.

Los niños pueden caminar como cangrejos (sobre las manos y los pies y boca arriba) con la taza en equilibrio sobre el estómago.

Dos compañeros de equipo pueden transportar la taza presionándola entre las dos partes extremas de sus rodillas (requiere mucha habilidad y cooperación).

La distancia sobre la cual ha de ser transportada la taza ha de ser ajustada según la dificultad que se quiera crear.

Cree un obstáculo o una carrera de obstáculos.

Se puede utilizar un tubo de cartón de papel higiénico u otros objetos en lugar de la taza.

Para mayor excitación, añada unas gotas de agua a la taza mientras es mantenida en equilibrio sobre la cabeza.

JUEGO DE LA CUERDA

Esta actividad es similar a la contienda de tiro de cuerda en grupo, salvo que sólo hay dos jugadores. Cada quien toma posición en un campo determinado.

Se tiende una cuerda entre ellos, y ambos tratan de jalar al otro para hacerle perder el equilibrio. Lo principal son la estrategia y el equilibio, más que la fuerza. El jugador que permanezca más tiempo sobre su campo se vuelve el campeón defensor y puede ser retado por los demás.

DESARROLLO PERCEPTIVO MOTOR: control corporal (equilibrio); conocimiento kinestésico; conocimiento táctil (véase el último planeamiento en "Comentarios y Sugerencias")

CAPACIDAD DE ATENCIÓN Y CONCENTRACIÓN: adaptación constante; retroalimentación inmediata

DESARROLLO DE LOS PROCESOS DEL PENSAMIENTO: constante control y adaptación; utilización de información adicional para la toma de decisiones; utilización de estrategias para ganarle al oponente; valoración propia

HABILIDADES FÍSICAS: control corporal (adaptabilidad, equilibrio, coordinación, contrapeso)

COMENTARIOS Y SUGERENCIAS

Se pueden organizar varias contiendas a la vez.

Tal vez desee establecer algunas reglas específicas (p. ej., no dar sacudidas a la cuerda; no enrollarse la cuerda en la mano; tener cuidado de que no se enrolle la cuerda en los pies).

En algunos lugares esta actividad se realiza en posición de cuclillas. A causa de la información más reciente sobre el posible peligro para la rodilla cuando se dobla en un ángulo superior a cuarenta y cinco grados y soportando el peso del cuerpo, esta práctica es fuertemente desaconsejada.

La sensación de presión en la planta del pie (táctil), junto con otras informaciones sensoriales, ayuda a ser consciente del cambio de equilibrio y la necesidad de adaptarse desplazando el peso. Este sentido se mejora con la práctica y el conocimiento.

VARIANTES

Este juego se puede jugar sobre el suelo o el piso marcando un área determinada. También se puede jugar sobre una superficie elevada estable (tocón de árbol, esteras dobladas, cartón, llantas viejas, etc.).

Puede ser una buena actividad en el patio de recreo.

La distancia entre los participantes suele variar según el grupo particular y el espacio disponible.

Los muy hábiles pueden voltearse y trabajar espalda contra espalda o con los ojos cerrados.

LA ARDILLA EN EL ÁRBOL

Divida al grupo en módulos de tres para realizarlo ("Matemáticas en movimiento" puede ser útil, especialmente si los niños ya están familiarizados con él). El niño o niños restantes serán ardillas extra **sin** árbol. En cada grupo de tres, dos niños se toman de las manos y forman un árbol para el tercero (la ardilla), que se pondrá entre ellos. El conductor anuncia: "Las ardillas cambian de árbol." A esta llamada todos los árboles levantan los brazos, mientras que las ardillas, incluyendo a las extras, se apresuran a encontrar un árbol nuevo. Si hay ardillas extras, el reto es de alcanzar un árbol libre. Si el grupo es múltiple de tres, el reto consiste en hacerlo lo más rápidamente posible. Los pequeños gozan la excitación del proceso y quien gane no parece importante.

DESARROLLO PERCEPTIVO MOTOR: relaciones corporales y espaciales; estimación; direccionalidad; planeación motriz; conocimiento espacial; conocimiento temporal (la velocidad a que se mueve el otro); control corporal (equilibrio y coordinación)
PERCEPCIÓN AUDITIVA: escuchar la señal para moverse
DESCARGA DE LA TENSIÓN Y DEL EXCESO DE ENERGíA: excitación; oportunidad de moverse; cierta extensión; interacción social;
AUTOCONTROL: desenvolverse con la excitación; tomar decisiones rápidas y adaptarlas si es necesario
DESARROLLO DE LOS PROCESOS DEL PENSAMIENTO: generar alternativas; toma de decisiones; adaptación
DESARROLLO SOCIAL: trabajar juntos; ayudarse los unos a los otros; esperar su turno
HABILIDADES FíSICAS: agilidad; habilidad para detenerse y arrancar; adaptabilidad

COMENTARIOS Y SUGERENCIAS

El "Entrecruzado" suele ser una buena actividad preliminar (esquivar, control corporal, responsabilidad de no chocar con los demás).

Si los niños aprecian esta actividad, también les puede gustar "Jicotillo".

Debe haber sólo una ardilla por árbol.

Este puede ser un buen juego para el exterior .

VARIANTES

Si su grupo necesita un reto adicional, añádale un perseguidor (véase "A Salvo de los Tiburones").

ROÑA DE CADENA

Las parejas se toman de las manos o se enganchan de los codos (véase "Comentarios y Sugerencias"). Si el grupo es impar, permita que se forme un grupo de tres. Una pareja será "la que la trae". Cuando esta pareja atrapa a otra, los dos grupos se unirán y son "el que la trae", y así sigue formándose la cadena. Un toque cuando la cadena está rota, no es un toque legal.

CAPACIDAD DE ATENCIÓN Y CONCENTRACIÓN: reto; vínculo con el grupo; excitación

DESCARGA DE LA TENSIÓN: oportunidad de correr

AUTOCONTROL: valoración propia y toma de decisiones

DESARROLLO SOCIAL: aceptar el derecho de cada quien a jugar o quedarse al margen; trabajar en equipo

APTITUD FÍSICA: resistencia cardiorespiratoria; cierto desarrollo de los hombros y de los brazos

COMENTARIOS Y SUGERENCIAS

Puede ser útil determinar algunos límites formados por las líneas del piso, botellas de plástico, árboles, cuerdas, límite del área con césped. Vea si se pueden establecer algunos límites naturales. He descubierto que la comprensión de los límites se da según juegan los niños.

Es bueno jugar sobre el césped o alguna superficie blanda, si se dispone de ella.

Algunos niños tal vez no quieran tomarse de las manos al principio de esta actividad, entonces trate de dar opciones (con los codos enganchados; también puede permitir a los que deseen quedarse al margen al principio que se integren enganchándose a la cadena de los perseguidores en el momento que deseen **durante** la actividad). Generalmente, según va desarrollando el juego, la preocupación por el contacto personal se olvida y todos tienden a agarrarse de las manos o de los codos. Creo que el ofrecer opciones es importante y que los deseos individuales deben ser respetados. También he descubierto que al sentirme más cómoda dando alternativas, me he vuelto más creativa al desarrollarlas.

Tal vez tenga que considerar a los niños de los extremos que pueden ser vapuleados o a los del centro para que no sean jalados desagradablemente. Exprese esta preocupación a los niños y vea lo que ocurre cuando juegan. Será bueno sentirse libre cada quien de abandonar el juego.

El conductor, evaluando la necesidad, puede periódicamente tocar un silbato para indicar un "encantamiento". En cada pausa, permita a los individuos que estén cansados o que lo deseen por alguna otra razón, integrarse o salirse. Tal elección debe ser asunto de cada niño y no evaluada por otros.

El abandonar o el integrarse puede requerir de alguna discusión de grupo y la creación de un clima que conduzca al respeto de las diferencias individuales.

VARIANTES

En un espacio limitado o con niños pequeños, los jugadores corren de una línea determinada a otra a la señal. Los perseguidores deben permanecer conectados. Los niños atrapados pasan a formar parte de la fila. Si el juego se termina demasiado rápidamente, que los perseguidores se desconecten y se **sienten** para atrapar. Tal vez desee añadir esta variante sólo al final de la actividad.

ESGRIMA TURCA

Los niños forman grupos de tres (un árbitro y dos esgrimistas). Cada jugador fabrica un florete (véase Apéndice C: "Cómo fabricar material por poco o ningún costo"). Cada grupo decide quién será el primer árbitro. Los dos esgrimistas se ponen uno frente a otro. A una señal predeterminada, dada por el conductor, cada esgrimista trata de tocar los dedos del pie del otro las más veces posibles. El conductor señala el final del asalto. El árbitro trata de determinar quién hizo los más toques legítimos. El árbitro y uno de los esgrimistas cambian los papeles preparándose para el siguiente asalto.

DESARROLLO PERCEPTIVO MOTOR: control corporal avanzado; conocimiento espacial

CAPACIDAD DE ATENCIÓN Y CONCENTRACIÓN: ritmo; implicación total

DESCARGA DE LA TENSIÓN Y DEL EXCESO DE ENERGÍA: ejercicio vigoroso

AUTOCONTROL: excitación controlada

DESARROLLO DE LOS PROCESOS DEL PENSAMIENTO: rápida toma de decisiones; pensar bajo tensión; desarrollar estrategias

HABILIDADES FÍSICAS: agilidad; equilibrio dinámico; anticiparse al movimiento del otro y responder adecuadamente

APTITUD FÍSICA: resistencia cardiovascular; resistencia muscular

COMENTARIOS Y SUGERENCIAS

Para mayor seguridad, haga que los esgrimistas se pongan el dorso de la mano libre sobre la frente. Esta postura evita que choquen las cabezas al inclinarse los esgrimistas hacia adelante para alcanzar los pies de su oponente.

La inclusión de un árbitro parece añadirle mayor control a la actividad. El árbitro puede intentar contar los tantos (con frecuencia es imposible), ponerse entre algún obstáculo peligroso y los esgrimistas, recordarles que mantengan la posición de seguridad, y relevar a uno de ellos durante el siguiente asalto.

Al hacer que en cada grupo el árbitro tenga también su florete, se puede reemplazar fácilmente un florete roto.

Tal vez desee conservar los floretes para reforzarlos y utilizarlos para "Bastoncitos".

El poner el énfasis en la participación y en la diversión suele opacar la obsesión por competir.

VARIANTES

Este juego se puede realizar sin floretes. Utilizando la mano, se debe tocar la parte exterior de la rodilla (véase también "Arrebata la bandera").

Apéndice A

*61 actividades que desarrollan
las capacidades motrices
y perceptivas*

Las capacidades perceptivas son vitales para el funcionamiento cotidiano. Es aconsejable para los planificadores del juego que continúen aprendiendo acerca del desarrollo motor perceptivo y que relacionen este conocimiento con la selección de actividades. Por esta razón, se presenta aquí una reseña de las capacidades motrices y perceptivas, seguida de sesenta y una actividades codificadas según la reseña. Por ejemplo, las actividades que desarrollan y refuerzan la conciencia corporal son codificadas 1, y las actividades que pueden contribuir al control corporal y al conocimiento kinestésico en particular son codificadas 3a.

1. Concierto corporal
2. Imagen corporal
3. Control corporal
   a. conocimiento kinestésico
   b. equilibrio
      1) dinámico
      2) estático
   c. coordinación
   d. tiempo de reacción
   e. tiempo de movimiento
   f. imitación del movimiento
   g. adaptabilidad

    h. manipulación de objetos

4. Relaciones corporales y espaciales
    a. direccionalidad
    b. lateralidad

5. Planeación motriz o praxia

6. Conciencia espacial
    a. estimación
    b. relaciones

7. Recepción visual
    a. agudeza
    b. discriminación
    c. reconocimiento de modelos
    d. figura - fondo
    e. percepción de la profundidad
    f. rastreo
    g. memoria

8. Percepción auditiva
    a. agudeza
    b. discriminación
    c. reconocimiento de modelos
    d. figura - fondo
    e. percepción direccional

9. Conocimiento temporal
    a. discriminación
    b. reconocimiento de modelos
        1) paso
        2) ritmo
        3) medida del tiempo
        4) secuencia

10. Conocimiento táctil.

Las actividades se han enumerado en el orden en que aparecen en este libro. Un recuento más sofisticado de las capacidades motrices perceptivas se puede encontrar en un texto que trate específicamente del desarrollo perceptivo motor.

Cruzados 1, 3, 6
Patos y vacas 3, 8a. d, e
El juego del espejo 1, 2, 3b, c, f, 4a, b 5, 6a, b, 9b(1)
Sígueme 1, 2, 3c, f, 4a, b, 5, 7b, c
Letras y números 1, 2, 3c, 4, 5, 6, 7c
Paracaidistas 1, 3a, g, 4 9b(3)
¿Puedes hacer esto? 4a, b
Sube-y-baja 1, 3a, b, 6a, b
Los cuatro puntos cardinales 6b
Bastoncitos 3h, 7d, e, 9b(2), (4)
Te llamas Juanito 3h, 4a, 6a, b, 7f
El monstruo 3b(1), 4a, 6a, b
El detective 7b, 8b
Ping-pong solitario 3h, 6, 7f, 9b(2), (3)
Arrebata la bandera 3c, 4, 6a, b
Cuatro cuadros 3h, 6, 7f
Zig-zag 8b
Cuervos y culebras 3, 7b, 8b
¿Dónde está? 8e
Tigre, Tigre, ¿Dónde estás? 8e
Nombres y gestos 5, 7b. c, 8b, c
Vueltas 3g, 4c
Gelatina 1, 2, 3c
Soy un globo 1, 2, 3
Juego para estirarse 1, 2
Jicotillo 1, 2, 6a, b
Orejita y nariz 1, 2, 3c, g. 4b, 5
Juego de manos en equipo 3c, h, 4, 6a, 7d, f
Pelotas locas 3b, h, 4, 6a, b, 7d, f, 9b(3)
Dormir de mentiritas 2
El tlacuache 1, 3, 6, 9b(1)
Tiburones 3g, 6, 9b(3)
Acitrón 3h, 8c, 9b(3)
La zorra y la ardilla 3c, h, 7f
El vampiro 3a, 6
Las banderolas 4
Las partes de mi cuerpo general y adaptable

Yo me llamo María y tú te llamas Raúl 3f, 8c
El juego del plato de cartón 2, 3, 4, 6
Memoria 7b, c, g
Sombras 2, 4, 6
"Voy de viaje" 3f
"Palmeo mi nombre" 8b, c, d
Imitando el reloj 3f, 4, 7c
El robot 3a, 5, 6
Las sillas 4, 5, 6, 8a
Relevo de prendas 1, 2, 3a, b, c, 6
Suben, suben 1, 3a, b
La tortuga 4, 6b
El trenecito 3f, 4, 5, 9b(3)
El tranvía 9b(3)
El juego del costal 3g, 5
Simón dice... 1, 3f, 7a
Juegos con tapetes 3a, b, c
Encantados 3a, b, 4, 6
Relevo con el vaso de papel 1, 10
Juego de la cuerda 3a, b, 10
La ardilla en el árbol 3b, c, 4, 5, 6, 9b(1)
Esgrima turca 1, 3a, b, c, d, e, g, 5, 6, 7f

Apéndice B

*24 actividades que refuerzan
la información aprendida*

actividad	área de información
Simón dice...	reconocimiento de modelos
Las olas	discriminación de izquierda y derecha y lateralidad
Soy un Globo, Ping-pong soplado y El juego del plato de cartón	conceptos acerca del aire
Los cuatro puntos cardinales	ubicación y orientación
Imitando el reloj	saber decir la hora
Matemáticas	aritmética
Tapetes de colores	colores
Palmeo mi nombre	discriminación de las sílabas
Nombres y gestos	
Suena como...	similitud y diferencias entre los sonidos
Paseo imaginativos	estudio del entorno
Sabores y olores	estudio sensorial (ciencias)
Jicotillo, "¿Puedes hacer esto?"	
Orejita y nariz, Acitrón	las partes del cuerpo

El coche y el conductor   cómo abordar un problema
Avión

Cierto o falso, Roña de in-   prioridad
tercambio, ¿Puedes ha-   general; aplicable a muchas
cer esto?", y Letras y   áreas
números

Apéndice C

*Cómo fabricar material
por poco o ningún costo*

Fabricar material es tan divertido como fácil, y es muy valioso hacer que los niños participen en este proceso.

Ya que los materiales son frecuentemente de desecho, los niños tienen acceso a ellas, y su utilización puede ser ecológicamente positiva.

Por el sentimiento de competencia y de orgullo que proviene del crear algo por sí mismos, los niños verán con agrado los objetos producidos,

Una vez que aprenden a crear un accesorio dado, los niños producirán otros más, incrementando así sus oportunidades de juego. Las oportunidades de mejorar la coordinación de ojos y manos, la habilidad para lanzar, y otras capacidades perceptivas se vuelven ilimitadas.

Los niños podrán hacer regalos para sus hermanos y hermanas más chicos, teniendo así una ocasión de dar y compartir.

El material creado puede ser hecho a la medida, suavidad y peso adecuados para el individuo que lo va a utilizar. Ello no siempre es posible con el material producido en serie y estandarizado.

Muchas de las piezas son más seguras que el material común. Los artículos hechos con papel, estambre y tela son por lo general más blandos y no lastiman.

Los remiendos y reemplazos son fáciles e inmediatos. Una rápida incursión al sótano o al cuarto de los trastos da comienzo a todo el proceso creativo o recreativo.

El estimular nuevas ideas dará paso a la iniciativa y la resolución de problemas, así como al proceso creativo.

RAQUETA CON MEDIA DE NAILON Y GANCHO DE ROPA

Material:

gancho de ropa de alambre
una media de nailon
masking tape o cinta adhesiva
tijeras

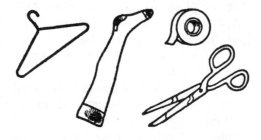

Figura A-1

Doble el gancho de ropa en forma rectangular o cuadrada. Enderece el gancho de la percha para formar el mango. Meta el pie de la media en el extremo de la pecha opuesto al manco y enróllelo alrededor del mango. Jálelo para formar una superficie tensa. Enrolle la pierna de la media alrededor del mango para darle cierta protección a la mano y peque con cinta la media al mango. Corte los bultos excesivos.

Sus alumnos tienen ahora una raqueta ligera que puede ser utilizada para varios juegos.

Actividades sugeridas:

rebotar un objeto, uno solo o en pareja
golpear un objeto colgado
crear sus propios juegos

Figura A-2

BAT DE PERIÓDICO: FLORETE DE ESGRIMA

Material:

papel periódico
cinta adhesiva

Figura A-3

Para un bate, enrolle muchas hojas juntas, utilizando las suficientes para hacer un bate compacto pero no pesado. Para un florete de esgrima, utilice unas doce hojas completas. Como los bastoncitos tubulares se hacen de varios tamaños, tendrá que doblar el papel periódico adecuadamente antes de enrollarlo.

Le ayudará el elaborar técnico de enrollado que terminen con un pliegue en lugar de muchos bordes hacia afuera. Con una tira de **cinta adhesiva** alrededor de los extremos y del centro, su material estará listo para utilizarlo. Como la tinta del periódico se despinta en las manos, puede cubrir la parte que se agarra con otro papel (como hojas de revistas), tela, pintura, o cinta adhesiva. Si no, asegúrese de que los niños tengan acceso al agua y jabón.

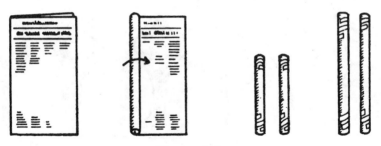

Figura A-4

BASE PARA JUGAR CON UNA PELOTITA

Material:

varias latas
cinta adhesiva
algo como grava o piedritas
una caja de cartón
un cuchillo para cortar el cartón
papel periódico

Figura A-5

Pegue varias latas juntas hasta llegar a la altura de la cintura de los niños aproximadamente. Ponga la grava o piedritas en la primera o las dos primeras latas de abajo para darle mayor estabilidad. Corte un agujero en la base de la caja de cartón ligeramente menor que la circunferencia de la lata, para que ésta se encaje en el agujero y quede así bien ajustada. Póngale periódico u otro material a la caja para añadirle peso a la base si lo desea.

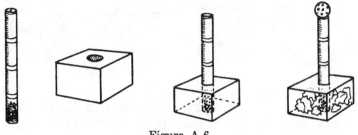

Figura A-6

PELOTAS DE PAPEL ARRUGADO

Material:

papel periódico
cinta adnesiva

Figura A-7

Arrugue el papel para darle la forma de una pelota y sujételo con cinta adhesiva.

Sugerencias:

No se sienta limitado sólo a las pelotas redondas. Los niños también pueden formar una pelota de fútbol americano (alargada) de la misma manera.

Si se puede disponer de hojas de hulespuma, son un excelente sustituto del papel periódico.

PELOTAS DE CALCETÍN

Material necesario:

un calcetín viejo o desparejado
Papel periódico u otro material de relleno
ligas o aguja e hilo

Figura A-8

Rellene y dele forma al calcetín. Doble lo que sobrepase. Póngale ligas elásticas al calcetín para mantenerlo o ciérrelo cosiéndolo.

TIRAS DE ALFOMBRA

Véase "Juegos con tapetes"; el tamaño variará según el uso.

Algunas veces se pueden conseguir sobras de alfombra gratis; esté al tanto de cuando alguien instale alfombra nueva. Dígale a su grupo lo que está buscando para que ellos colaboren en conseguir el material.

Figura A-9

PELOTAS DE ESTAMBRE

Material:

sobras de estambre
cartón
instrumento cortante para el cartón
tijeras para el estambre
hilo de pescar o cordel resistente

Figura A-10

Recorte dos patrones en forma de dona (de unos dieciocho centímetros cuadrados) en el cartón. El agujero deberá tener unos seis centímetros de diámetro. Ponga las dos "donas" juntas y empiece a enrollar el estambre alrededor de ellas hasta que el agujero central esté casi lleno. Ya que tendrá que utilizar ovillos de estambre cada vez más pequeños para pasar por el agujero que va reduciéndose, habrá que hacer nudos frecuentemente.

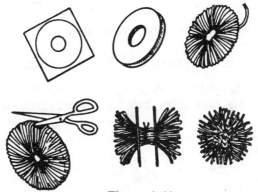

Figura A-11

No hay problema si los nudos están bien atados. Luego con las tijeras corte el estambre entre las dos piezas de cartón. Separe ligeramente las piezas de cartón y ate el estambre entre ellas con hilos de pescar o cordel resistente. Apriételo lo más posible y asegúrelo por lo menos con un doble nudo. Saque suavemente el cartón del estambre. Esponje el estambre y dele forma con las tijeras si la pelota r.o es totalmente redonda.

Comentarios:

El estambre grueso o para hacer tapetes se enrolla más rápidamente y hace buenas pelotas.

Muchas personas que tejen tendrán tiras de estambre sobrantes en sus bolsas de tejido y se los darán con mucho gusto para su causa. También hay prendas viejas que se pueden destejer para aprovechar el estambre para hacer pelotas. Los niños pueden ayudar a conseguirlas. Este proceso requiere tiempo y paciencia. Tal vez desee probar a hacerlo usted mismo antes de probar a hacerlo con los niños. Las pelotas de estambre son un recurso muy útil si tiene que trabajar en un espacio pequeño o en un cuarto destinado a otras cosas.

BASTONES Y CAJAS PARA JUGAR

Material:

    cajas viejas del tamaño que se desee
    cinta adhesiva
    periódico cortado al tamaño de la caja (para darle peso)

Utilizando los bastones y cajas, puede crear algunos juegos realmente divertidos, relevos y otras actividades.

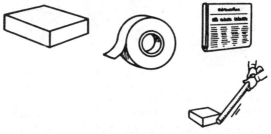

Figura A-12

BANDEROLAS

Material:

    papel crepé de colores
    tijeras

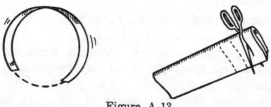

Figura A-13

Corte tiras de papel de aproximadamente unos cinco a ocho centímetros de ancho. Hágalas lo suficientemente largas para que cada niño pueda hacer fácilmente círculos con las banderolas al moverlas en el aire. Se puede utilizar como actividad individual, o con música y formaciones y modelos de grupo. Esta actividad ayudará a mantener una buena posición de los hombros. Estimule a los niños a que utilicen ambos brazos y a que hagan círculos con los brazos hacia atrás tanto como hacia adelante. Ello permite un desarrollo simétrico y la extensión de los músculos pectorales

Glosario de términos empleados en el texto

Actividades motrices. Aquellas actividades en que intervienen el movimiento. Desde luego que también intervienen respuestas cognoscitivas y afectivas.

Adaptación. Capacidad de adecuarse a un cambio o a una situación diferente.

Aptitud física. Fase de la aptitud total del niño que incluye las habilidades de coordinación neuromuscular necesarias para realizar con eficacia, agilidad, velocidad y equilibrio el movimiento deseado.

Autocontrol. Capacidad de modular la respuesta independiente del estímulo recibido.

Conocimiento corporal. La forma en que cada quien percibe a su propio cuerpo y el espacio que le rodea. Es un fenómeno progresivo y cambiante. Los componentes principales son: **concepto corporal,** o sea las partes del cuerpo, y el tamaño y situación de las mismas (una cabeza, dos brazos, dos piernas); **imagen corporal,** que corresponde a cómo siento que soy, incluyendo la información dada por el medio ambiente (feo, gordo, gracioso); **esquema corporal,** o sea las relaciones cuerpo-espacio.

Concentración. Capacidad de atender a determinado estímulo o tarea, sin filtrar otros.

Conciencia espacial. Capacidad de percibir el espacio, tanto mediato como inmediato. Requiere una percepción corporal adecuada.

Desarrollo perceptivo motor. Interacción entre dos aparatos fisiológicos: **sensorial,** que proporciona información sobre el ambiente, y **neuromotor,** que permite que el organismo responda a su ambiente.

Desarrollo social. Permite que el niño se desenvuelva en compañía de los demás funcionando con eficacia en situaciones colectivas.

Direccionalidad. Proyección de la lateralidad hacia afuera a partir del cuerpo, o sea en el espacio.

Discriminación. Proceso por el cual se descubren diferencias en las sensaciones. Existe discriminación **visual, auditiva y táctil.**

Discriminación figura fondo. Componente de la percepción que permite el reconocimiento correcto entre los diferentes estímulos del mismo tipo, o sea entre estímulos cuya importancia varía, pero que son recibidos por el mismo sentido. Por ejemplo, en la discriminación visual figura fondo, el niño es capaz de reconocer un lápiz rojo entre muchos de diferentes colores. En la discriminación auditiva figura fondo, el niño puede entender lo que la voz de la madre ordena aunque simultáneamente el tocadiscos esté funcionando o se escuchen otras voces.

Disritmia. Movimiento no coordinado, sin sentido exacto del espacio, tiempo y fuerza.

Equilibrio. Capacidad de mantener la estabilidad mientras se realizan diversas actividades. Cuando existe movimiento, puede ser **dinámico;** en cambio, cuando más bien se intenta mantener una posición será **estático.**

Kinestesia. Sentido que permite el conocimiento de los movimientos o postura del cuerpo. Sus receptores principales se encuentran en los músculos y articulaciones.

Lateralidad. Conocimiento de los lados del cuerpo: hemicuerpo derecho, hemicuerpo izquierdo.

Método dinámico. Es aquel en que el educador da diferentes grados de dirección y posibilidades de selección. Siempre existen límites, pero estos pueden modificarse según la actuación y necesidades del grupo. El maestro debe observar cuidadosamente: ¿Es el grupo capaz de manejar más libertad? ¿Le hará falta mayor experiencia primero?

Al trabajar con este método resulta que el niño se desenvuelve dentro del nivel adecuado de sus capacidades; se tratará de llevarlo suavemente a intentar un trabajo más difícil o complicado. En todo caso, siempre se respetará su individualidad y sus necesidades de movimiento al permitirse una regulación propia del ejercicio.

El éxito engendra éxito y es la única forma de que el niño torpe o inseguro intente ir más allá de sus posibilidades si sabe que no será ni criticado, ni comparado, ni eliminado, sino apoyado.

Por otra parte, el programa debe estar bien estructurado a pesar de que pueda sufrir modificaciones por las necesidades del grupo o de individuos dentro de determinada lección.

Entre los métodos de enseñanza-aprendizaje, existe la siguiente progresión:

Método directo: →	Método dinámico: →	Método indirecto:
el maestro dirije;	exploración guiada;	niño libre
el alumno obedece	variación de límites	

Por ejemplo, si el objetivo es que el grupo conozca el espacio, con el método directo, el maestro dirá: "Vamos a caminar por el patio. Den dos vueltas." En cambio, con el método dinámico, podría decir: "¿Cómo pueden recorrer el patio sin correr? (límite)". Entonces el niño buscará una serie de respuestas como pueden ser: caminar, brincar, gatear, etc. Pueden ponerse más límites: "¿Cómo pueden recorrer el patio que no sea ni brincando, ni corriendo, ni caminando?" Al escuchar las respuestas, se reforzarán a los elementos débiles. (¡Qué bonito brinca Juan! ¡Imitémoslo!)

Percepción. Función psicológica primaria que permite recibir y seleccionar las impresiones sensoriales del mundo externo y del propio cuerpo e incorporar éstas a las experiencias anteriores.

Praxia. Capacidad de planear y realizar movimientos complicados y coordinados.

Procesos del pensamiento. Procesos cognoscitivos que suponen procesos simbólicos mentales e inferidos de los humanos.

Propiocepción. Capacidad de apreciación de la posición, equilibrio y movimiento del sistema muscular.

Propioceptores. Receptores cuyo estímulo principal son los cambios de posición en el sistema muscular esquelético; se encuentran en músculos, tendones y articulaciones.

Ritmo. Ordenamiento de la energía. El tiempo y el ritmo son independientes.

Índice de juegos

NOTA EXPLICATIVA

Valor de las actividades específicas para los niños.

1 la actividad puede contribuir mayormente en esta área.

0 la actividad puede contribuir potencialmente en esta área.

(1) Desarrollo perceptivo motor
(2) Capacidad de atención y concentración
(3) Descriminación auditiva
(4) Descarga de la tensión y del exceso de energía
(5) Autocontrol
(6) Desarrollo de los procesos del pensamiento
(7) Reforzamiento al aprendizaje
(7) Incremento de la sociabilidad
(9) Habilidad física
(10) Aptitud física

Esta obra se terminó de imprimir
en julio de 2006, en los Talleres de

IREMA, S.A. de C.V.
Oculistas No. 43, Col. Sifón
09400, Iztapalapa, D.F.